ガチトレ 1000問

中学・高校 解いて学ぶ
6年分の英文法
大特訓

藤井拓哉

ベレ出版

はじめに

　本屋さんに行くと、中学・高校の基礎英語を学べる本というのが「いったいどの本を選んだら良いんだ？」と選ぶのに苦労するぐらい並んでいます。しかし手に取ってみるとわかると思いますが、それらの多くは文法の解説がほとんどで練習問題はほんのわずか。なかには練習問題がまるでない参考書もあります。「Why Japanese people?! Why! なぜ『be 動詞の文』『一般動詞の文』といった基礎からバシバシ問題を解いていって英語を身につけられる本があまりないんだ！基礎の段階こそ、問題をたくさん解くといった練習が必要なのに!!」という思いからこの本が生まれました。

本書の特徴は、

(1) **中学英語や高校英語の基礎を扱っているのにも関わらず、ほとんど文法の説明がありません。** そのため文法が理解できない場合は、文法が詳しく解説されている参考書やインターネットによるサポートが必要になると思います。

(2) 問題は主に「穴埋め問題」「並べ替え問題」「英作文」など様々な問題を1000 問以上用意してあります。そのため、**この本に登場している問題がスラスラ解けるようになれば、大学受験、TOEIC、英検なら準 1 級の問題集を手に取り対策を始めるのに十分な文法力が身についていると言えるでしょう！**

(3) 問題文の日本語は英語にしやすくするため、文章によっては若干違和感のある日本語文となっています。「この日本語おかしくねぇ？」というツッコミはグッと堪えて問題に取り組んでいただけると非常にありがたいです。

　英語独学をお考えなのであれば「文法書 1 冊 ＋ 本書」をご用意いただき「文法を学んだ後で、こちらの本の練習問題をガンガン解いていく」というスタイルが良いでしょう。え？オススメの文法書は何かですって？それでしたら『60 回完成ガチトレ 中学・高校 6 年分の英文法完全制覇』がオススメです（笑）

（小社刊）

　しかし、冗談抜きで本書は「品詞 → be 動詞の文 → 一般動詞の文」と学ぶ順番が「60 回完成ガチトレ」と重なる部分が多いため、しっかり基礎英語を学びたいのであれば「60 回 完成ガチトレ + 本書」があれば、他の参考書はいらないはずです。

　今回本書を手に取っていただき、こちらの「はじめに」をお読みいただけているのも何かのご縁。みなさんの英語学習を完全サポートさせていただければ大変ありがたいです。

藤井拓哉

ガチトレ1000問解いて学ぶ中学・高校6年分の英文法大特訓＊目次

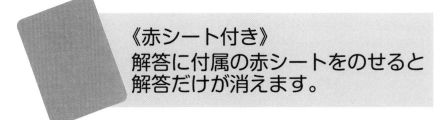

《赤シート付き》
解答に付属の赤シートをのせると
解答だけが消えます。

品詞とは「名詞」「形容詞」など文法の説明をする時に使われる単語です。品詞を理解することで文法をより深く理解することができます！

選択問題：次の単語の品詞を選びましょう

（1）　パーティー　　　名詞・形容詞・動詞

（2）　学ぶ　　　　　　名詞・形容詞・動詞

（3）　美しい　　　　　名詞・形容詞・動詞

（4）　走る　　　　　　名詞・形容詞・動詞

（5）　シンガポール　　名詞・形容詞・動詞

[解答]（1）名詞（2）動詞（3）形容詞（4）動詞（5）名詞《全体の説明》「名詞＝人、物、事などの名前」「形容詞＝名詞を説明する語で多くは『〜い』『〜な』『〜の』で終わる」「動詞＝動作や状態を表す語で基本的に『う段』の音で終わる」

選択問題：次の名詞の種類を選びましょう

（6）　牛乳　　　　　　可算名詞・不可算名詞・固有名詞

（7）　自転車　　　　　可算名詞・不可算名詞・固有名詞

（8）　お米　　　　　　可算名詞・不可算名詞・固有名詞

（9）　北海道　　　　　可算名詞・不可算名詞・固有名詞

（10）学校　　　　　　可算名詞・不可算名詞・固有名詞

[解答] (6) **不可算名詞** (7) **可算名詞** (8) **不可算名詞** (9) **固有名詞** (10) **可算名詞**
《**全体の説明**》「可算名詞 ＝ 数えられる名詞」「不可算名詞 ＝ 数えられない名詞（液体、形の無いもの、個々で数えると多すぎるもの、スポーツなど）」「固有名詞 ＝ 人名、地名など、人や特定のものなどの名前。物・事などの名前」【**問題解説**】(8) お米は個々で数えると多すぎるため不可算名詞。

英作文：可算名詞の a/an や -s/-es を忘れずに

(11) 背の高い先生たち

(12) あなたの名前

(13) 青いペン

(14) あの車

(15) 彼女のカバン

(16) 古い本

(17) これらの小さな箱

(18) 私たちの水

(19) 簡単な宿題

(20) 彼らの生徒たち

[解答] (11) **tall teachers** (12) **your name** (13) **a blue pen** (14) **that car** (15) **her bag** (16) **an old book** (17) **these small boxes** (18) **our water** (19) **easy homework** (20) **their students** 《**全体の説明**》可算名詞で語尾が s, (子音 ＋)o, x, sh, ch の場合、複数形は es を足す［覚え方：ソックス(sox)をシュ(sh)チュ(ch)と洗う］。また所有格(my, your など)がつく場合、a/an はつかない。

穴埋め問題

(21) あれは彼のです。　　　　　　　　That's _____ .

(22) あなたの名前を教えて。　　　　　Tell _____ your name.

(23) これは私のです。　　　　　　　　This is _____ .

(24) 彼女に尋ねる。　　　　　　　　　Ask _____ .

(25) それのサイズ。 ＿＿＿ size.

(26) あれらの靴は私たちのです。 Those shoes are ＿＿＿ .

(27) ユイの誕生日。 ＿＿＿ birthday.

(28) これは彼女のです。 This is ＿＿＿ .

(29) 私は彼女たちが好きです。 I like ＿＿＿ .

(30) 私はそれを持っています。 We have ＿＿＿ .

(31) あれはあなたのです。 That's ＿＿＿ .

(32) 私は彼が必要です。 I need ＿＿＿ .

(33) 彼らはあなたを知っています。 They know ＿＿＿ .

(34) 私たちに教えて。 Tell ＿＿＿ .

(35) あの家は彼らのです。 That house is ＿＿＿ .

[解答] (21) his (22) me (23) mine (24) her (25) Its (26) ours (27) Yui's
(28) hers (29) them (30) it（that）(31) yours (32) him (33) you (34) us
(35) theirs

be 動詞の文（現在形・過去形）

　be 動詞とは am/are のような単語で一般動詞（日本語でいう動詞）がない文で使われます。主語によって使われる be 動詞が変わるのがポイントです！

穴埋め問題

(1)　あなたは背が高いです。

　　You (　　) (　　).

(2)　それは古い学校でした。

　　It (　　) (　　) (　　) (　　).

(3)　私はナツキです。

　　(　　) Natsuki.

(4)　彼らは野球選手ではありませんでした。

　　(　　) (　　) (　　) baseball (　　).

(5)　それらは、あなたの本ですか。— はい、そうです。

　　(　　) (　　) (　　) (　　)? – Yes, (　　) (　　).

［解答］(1) are / tall (2) was / an / old / school (3) I'm (4) They / were / not / players (5) Are / those（they）/ your / books – they / are《**全体の説明**》「am ＝ I の be 動詞、現在形」「are ＝ you / we / they の be 動詞、現在形」「is ＝ he / she / it の be 動詞、現在形」「was ＝ am / is の過去形」「were ＝ are の過去形」「肯定文：主語 ＋ be 動詞 ＋ ～ .（代名詞と be 動詞の現在形は短縮できる。例：I'm / He's）」「否定文：主語 ＋ be 動詞 not ＋ ～ .（am 以外は be 動詞と not の短縮形もある。例：isn't / wasn't）」「疑問文：be 動詞 ＋ 主語 ＋ ～ ?【**答え方**】Yes, 代名詞 ＋ be 動詞 . / No, 代名詞 ＋ be 動詞 not.（Yes / No だけでも意味は通じる。答えで使える代名詞は基本的に I / you / we / they / he / she / it のみ）」

並び替え問題：不要な単語もあるので注意

(6) 彼は、英語の先生ではありませんでした。

(isn't / amn't / he / weren't / aren't / English / wasn't / an / teacher / a).

(7) これは彼女の昼食ですか。— いいえ、違います。

(this / his / was / her / am / is / were / lunch / are / my)? – (it / wasn't / this / amn't / isn't / , / weren't / aren't / no / lunch).

(8) 私は彼らの母親です。

(was / I / am / is / mother / were / his / are / their / father).

(9) サクラとリクは背が低かったです。

(was / Riku / am / tall / Sakura / short / is / were / and / are).

(10) 彼らは私のクラスメイトではありません。

(was / am / is / classmates / they / a / were / are / not / my).

[解答] (6) He wasn't an English teacher. (7) Is this her lunch? – No(, it isn't). (8) I am their mother. (9) Sakura and Riku were short. (10) They are not my classmates. 【問題解説】(7) 答える時は it。(9) Sakura and Riku ＝ they なので be 動詞は were。

英作文

(11) 私の名前はヒカルです。

(12) あれらのギターは新しかったのですか。— はい、そうです。

(13) 私はケンゴではありません。

(14) タクミとナオキは医者です。

(15) あの本は長かったです。

［解答］(11) **My name is Hikaru.** (12) **Were those guitars new? – Yes（, they were）.** (13) **I am（I'm）not Kengo.** (14) **Takumi and Naoki are doctors.** (15) **That book was long.** 【問題解説】(11) my name = it なので be 動詞は is。(12) those guitars = they なので be 動詞は were。(13) Takumi and Naoki = they なので be 動詞は are。

一般動詞の文（現在形）

一般動詞とは「読む」「話す」など動作を表す単語で、一般動詞の文では基本的に be 動詞が使われないのが主な特徴です。また、否定文 / 疑問文では、do /does といった単語が使われます。

穴埋め問題

(1) 私はお寿司が好きです。

　　(　　) (　　) (　　).

(2) ジュンはサッカーをします。

　　Jun (　　) (　　).

(3) あなたは黒いペンを持っていますか。— はい、あります。

　　(　　) (　　) (　　) (　　) black (　　)? – Yes, (　　) (　　).

(4) 彼女はこの車を使いません。

　　She (　　) (　　) (　　) car.

(5) 彼らは数学の先生です。

　　(　　) (　　) math (　　).

[解答]（1）I / like / sushi（2）plays / soccer（3）Do / you / have / a / pen – I / do（4）doesn't / use / this（5）They / are / teachers.《**全体の説明**》「肯定文：主語 ＋ 一般動詞（＋ 〜）」「否定文：主語 ＋ do not / does not ＋ 一般動詞（＋ 〜）」「疑問文：Do / Does ＋ 主語 ＋ 一般動詞（＋ 〜）?【**答え方**】Yes, 代名詞 ＋ do/does. / No, 代名詞 ＋ do not / does not.」（補足：主語が he / she / it の肯定文では、一般動詞の最後が s/es。否定文・疑問文の時は、主語が I / you / we / they なら do、he / she / it なら does を使う。また、do not の代わりに don't、does not の代わりに doesn't を使うことも可。）【**問題解説**】(1) お寿司は不可算名詞。(5) be 動詞の文なので注意。

並び替え問題：不要な単語もあるので注意

(6) 私たちはコーヒーを飲みません。

（ coffee / do / drink / does / drinks / were / are / not / we / a ）.

(7) 私は日本人です。

（ I / do / like / does / Japanese / was / are / do / am / is / have / were ）.

(8) 彼はギターを弾きません。

（ plays / don't / he / doesn't / like / have / guitar / isn't / play / the ）.

(9) クミはこの映画が好きなのですか。— はい、そうです。

（ do / like / Kumi / does / likes / is / movie / was / this / book ）? – （ do / is / yes / , / she / Kumi / does / was / likes ）.

(10) 彼女は、彼女の宿題をしません。

（ do / she / does / her / are / not / do / homework / is ）.

［解答］(6) **We do not drink coffee.** (7) **I am Japanese.** (8) **He doesn't play the guitar.** (9) **Does Kumi like this movie? – Yes(, she does).** (10) **She does not do her homework.** 【問題解説】(7) be 動詞の文なので注意。(8) 楽器を弾く＝play the 楽器名

英作文

(11) 彼女は白い犬を飼っています。

(12) 彼らは私の名前を知りません。

(13) 私たちはケンの友だちです。

(14) メグミはテニスをしません。

(15) 彼は青い車を運転するのですか。 ― はい、そうです。

[解答] (11) **She has a white dog.** (12) **They do not（don't）know my name.** (13) **We are（We're）Ken's friends.** (14) **Megumi does not（doesn't）play tennis.** (15) **Does he drive a blue car? – Yes（, he does）.** **【問題解説】**(11) 飼っている＝have（主語が she なので has）(13) be 動詞の文なので注意。

CHECK! 04　前置詞 1　　Let's try! 20 問

前置詞とは、日本語で「〜に」「〜で」「〜から」などと主に訳される単語で、to / in / from などがあります。前置詞は、日本人がよく間違えるところでもありますのでしっかり学んでいきましょう！

穴埋め問題

(1)　私はそれを水曜日までに欲しいです。

　　　(　　　)(　　　) it (　　　)(　　　).

(2)　彼女は彼女の部屋では勉強をしません。

　　　She (　　　)(　　　)(　　　)(　　　)(　　　) room.

(3)　私たちの新しいスケジュールはあの壁にあります。

　　　(　　　)(　　　) schedule (　　　)(　　　) that (　　　).

(4)　彼は鹿児島出身です。

　　　(　　　)(　　　)(　　　).

(5)　ケンタは、毎週月曜はバスで学校に行くのですか。— いいえ、違います。

　　　(　　　) Kenta (　　　)(　　　)(　　　)(　　　)(　　　)(　　　)

　　　Mondays? – No, (　　　)(　　　).

[解答] (1) I / want / by / Wednesday (2) does / not / study / in / her (3) Our / new / is / on / wall (4) He's / from / Kagoshima (5) Does / go / to / school / by / bus / on – he / doesn't 《全体の説明》「to = 〜へ / 〜に / 〜まで」「by = 〜のそばに / 〜までに（期限）/ 〜によって（手段）」「from = 〜から / 〜出身」「on = 〜（の上）に / 〜（壁）に / 〜（曜日・日）に・は」「in = 〜（部屋・市・国の中など）に / （月・年）に / 〜（語）で」【問題解説】(5)「学校に行く（通学する）」という場合、school には a/an や所有格がつかない。「バスで」という場合、by bus と bus に a はつかない。

17

並び替え問題：不要な単語もあるので注意

(6) 私たちには大きなお祭りが 8 月 10 日にあります。

（ a / festival / we / by / big / 10 / on / have / are / from / August / in / April / keep / fun ）.

(7) このプレゼントはヒナコからです。

（ on / Hinako's / this / by / this / that / in / Hinako / from / present / is ）.

(8) あなたは仕事に電車で行くのですか。— はい、そうです。

（ go / do / by / to / does / you / on / from / in / a / work / train / trains ）? – (I / , / yes / do / are / does / my / am).

(9) 彼らは 2019 年に、日本にはいませんでした。

（ were / was / Japanese / in / by / on / by / Japan / not / they / on / from / in / 2019 ）.

(10) その本屋は私たちの学校のそばです。

（ by / this / on / library / is / that / bookstore / from / school / in / my / our ）.

[解答] (6) **We have a big festival on August 10.** (7) **This present is from Hinako.** (8) **Do you go to work by train? – Yes(, I do).** (9) **They were not in Japan in 2019.** (10) **That bookstore is by our school.**

【問題解説】 (6) have は「(催し物などを)行う」という意味もある。(8) 仕事に行く ＝ go to work (9) 基本的に前置詞は「場所→方法→時」の順番で足されるため、in Japan が in 2019 の前になっている (In 2019, ～ . と in 2019 が文の先頭で使われる場合もある)。

英作文

(11) あなたの英語の教科書はあのテーブルの上にありました。

(12) 私の生徒たちは私たちの教室にはいません。

(13) あなたは木曜日までに私の宿題が必要なのですか。― はい、そうです。

(14) 彼女らは車で家に帰ります(家に行きます)。

(15) 彼は秋田出身です。

(16) あのお祭りは、3月15日ではありませんでした。

(17) 私の机はあの窓のそばです。

(18) ヒロとケンは、9月から10月までオーストラリアにいました。

(19) 彼の誕生日は5月20日です。

(20) 私たちはバスで仕事に行きます。

【解答】(11) Your English textbook was on that table. (12) My students are not (aren't) in our classroom. (13) Do you need my homework by Thursday? – Yes(, I do). (14) They go home by car. (15) He is (comes) from Akita. (16) That festival was not (wasn't) on March 15. (17) My desk is by that window. (18) Hiro and Ken were in Australia from September to October. (19) His birthday is May 20. (20) We go to work by bus.

【問題解説】(14) 家に帰る＝go home (go to home にならないように注意) (19)「誕生日」という日にち自体を尋ねているので May 20 に on はつかない(on がつくと「5月20日に」となり、その日に何かをする・何かがあるという意味になる) (20) 仕事に行く＝go to work

場所を表す副詞（句）

副詞とは here / today など、副詞句とは next Sunday / this morning などのフレーズで動詞や形容詞などを説明する言葉です。これらには基本的に on / in などの前置詞がつかないのがポイントです。

穴埋め問題

(1) あなたは今日忙しいですか。— いいえ、忙しくないです。

( ) you ( ) ( )? – No, ( ) ( ).

(2) 私は毎日英語を勉強します。

I ( ) ( ) ( ) ( ).

(3) あなたは今このテレビを買いたいのですか。— はい。

( ) you want ( ) ( ) ( ) ( ) ( )? – Yes,
( ) ( ).

(4) 彼らは毎週月曜日に野球を練習します。

( ) ( ) ( ) ( ) Mondays.

(5) ヒロミと私は先月沖縄にいました。

Hiromi ( ) ( ) ( ) ( ) Okinawa ( ) ( ).

(6) 彼女はあそこに住みたいと思っています。

She ( ) ( ) ( ) ( ).

(7) 私には１月に５つのテストがあります。

I ( ) five ( ) ( ) ( ).

(8) 私たちは毎週仙台に行きます

We ( ) ( ) Sendai ( ) ( ).

(9)　私の息子は今家に帰りたくないと思っています。

（　　　）（　　　）（　　　）not want（　　　）（　　　）（　　　）（　　　）.

(10)　私は次の水曜日までにそれが必要です。

（　　　）（　　　）it（　　　）（　　　）（　　　）.

【解答】(1) Are / busy / today – I'm / not (2) study / English / every / day
(3) Do / to / buy / this / TV / now – I / do (4) They / practice / baseball / on
(5) and / I / were / in / last / month (6) wants / to / live / there (7) have / tests
/ in / January (8) go / to / every / week (9) My / son / does / to / go / home
now (10) I / need / by / next / Wednesday《全体の説明》today / now / yesterday
/ here / there は副詞なので基本的に前置詞はつかない。また this ～ / next ～ /
every ～ / last ～ は、副詞句となるので前置詞はつかない。ただし、by / from など
前置詞を足すことで別の意味となる場合は、副詞・副詞句に前置詞を足すことも可能。
【問題解説】(4) on Mondays = every Monday（every Mondays とは言えないので注
意）(10) next Wednesday は副詞句だが、by は足すことができる。

ポイント！覚えておくと便利な動詞フレーズ

(1) like to * 動詞の原形 = ～するのが好き
　〈例〉I like to play baseball.（私は野球をするのが好きです）
(2) want to * 動詞の原形 = ～したい / ～したいと思っている
　〈例〉He wants to walk.（彼は歩きたいと思っています）
(3) need to * 動詞の原形 = ～する必要がある
　〈例〉I need to do this.（私はこれをする必要があります）
　* 動詞の原形 = 辞書で調べる形（最後に s/es がつかない形）

並び替え問題：不要な単語もあるので注意

(11) 彼女たちはここで勉強をするのが好きです。

(like / to / now / every / from / they / here / on / study / there / in).

(12) あなたはこの午後会議があるのですか。— いいえ。

(this / in / from / you / do / on / meeting / next / a / afternoon / every / have)? – (are / I / is / you / no / , / am / not / do / does).

(13) 私はあのドアのそばに座りたいです。

(want / sit / on / I / that / from / to / by / in / door / window).

(14) あなたは、昨日あなたのオフィスにいましたか。— いいえ、いませんでした。

(your / you / were / today / in / now / are / do / on / from / office / was / yesterday)? – (wasn't / you / don't / no / I / , / aren't / weren't).

(15) ユミは今度の金曜日に東京に行く必要があるのですか。— はい、そうです。

(is / every / Tokyo / Yumi / next / to / does / on / do /go / every / need / to / Friday / goes / in)? – (do / Yumi / is / yes / she / , / was / does).

[解答] (11) **They like to study here.** (12) **Do you have a meeting this afternoon?** – No (, I do not). (13) **I want to sit by that door.** (14) **Were you in your office yesterday?** – No (, I wasn't). (15) **Does Yumi need to go to Tokyo next Friday?** – Yes (, she does).

英作文

（16）あなたは毎週英語を教えるのですか。— はい、そうです。

（17）私の学校はここから遠くないです。

（18）私はバスで仕事に行くのは好きではないです。

（19）（あなたに）今時間はありますか。— いいえ、ありません。

（20）あなたはこれを明日までに終わらせる必要があります。

【解答】（16）Do you teach English every week? – Yes（, I do）. (17) My school is not（isn't）far from here. (18) I do not（don't）like to go to work by bus. (19) Do you have time now? – No（, I don't（do not））. (20) You need to finish this by tomorrow.【問題解説】（17）here は、副詞だが from は足すことができる。(20) tomorrow は、副詞だが by は足すことができる。

接続詞とは and / because など、単語と単語、文と文を繋ぐ時に使われる単語です。
so / but など接続詞によっては、カンマが必要な場合もありますので注意しましょう。

穴埋め問題

(1) 彼は毎日フランス語を勉強します。なぜなら、彼はフランスに住みたいからです。

He ( ) ( ) ( ) ( ) ( ) he ( ) ( ) ( )
( ) ( ).

(2) 私は(私の)仕事を終えた後にそこに行く必要があります。

I ( ) ( ) go ( ) ( ) I ( ) ( ) work.

(3) 彼女は中国語を教え、私は日本語を教えます。

She ( ) ( ), ( ) ( ) ( ) ( ).

(4) 私は眠たいですが、私はこの本を読みたいです。

( ) ( ), ( ) I ( ) ( ) ( ) ( ) ( ).

(5) それは長い映画なので、私は(それを)見たくないです。

It ( ) ( ) ( ) ( ), ( ) I ( ) ( ) ( )
see it.

(6) 彼は夕食の後にテレビゲームをするのが好きです。

He ( ) ( ) ( ) ( ) games ( ) ( ).

(7) 私は、私の車が今必要です。なぜなら、私は学校に行く必要があるからです。

I ( ) ( ) ( ) ( ) ( ) I ( ) ( ) ( )
( ) ( ).

(8) 彼は毎週火曜日にピアノ、毎週木曜日にギターを練習します。

He ( ) ( ) ( ) ( ) Tuesdays ( ) ( ) ( )
( ) Thursdays.

(9) 彼女は(彼女が)寝る前にテレビを見ません。

She ( ) ( ) TV ( ) ( ) ( ) ( ) bed.

(10) あのパソコンは安いので、私は(それを)買いたいです。

( ) computer ( ) ( ), ( ) I ( ) ( ) ( )
( ).

[解答] (1) studies / French / every / day / because / wants / to / live / in / France (2) need / to / there / after / finish / my (3) teaches / Chinese / and / I / teach / Japanese (4) I'm / sleepy / but / want / to / read / this / book (5) is / a / long / movie / so / don't / want / to (6) likes / to / play / video / after / dinner. (7) need / my / car / now / because / need / to / go / to / school (8) practices / the / piano / on / and / the / guitar / on (9) doesn't / watch / before / she / goes / to (10) That / is / cheap / so / want / to / buy / it 《全体の説明》「A because B＝A なぜなら B」「A, so B＝A なので B」「A, but B＝A だけど B(A と B の主語や主語と動詞が同じ場合、共通する部分を B では省略することができる)」「A after B＝B の後で A」「A before B＝B の前に A」「A and B＝A そして B(A と B が それぞれ文の時は、通常 and の前にカンマを打つ)」【問題解説】(6) テレビゲーム＝ video game (8) and を使って句(the piano on Tuesdays)と句(the guitar on Thursdays)を繋げている。(9) 寝る＝go to bed / go to sleep

(11) ジムは背が高いですが、バスケットボールはしません。

（ does / tall / not / in / but / before / basketball / Jim / he / so / is /,
／ want / after / play / and / to ）.

(12) 彼は毎月静岡に行きます。なぜなら、彼の両親が(そこに)住んでいるからです。

（ live / so / goes / before / in / there / he / parents / Shizuoka / his
／ but / month / because / to / after / on / every /, ）.

(13) 彼女は空腹なので、彼女はあのレストランに行きたいと思っています。

（ go / and / to / she / from / before / so / she / but /, / after /
wants / is / because / restaurant / hungry / to / that ）.

(14) 彼は野球が好きで、私はサッカーが好きです。

（ and / in / I / from / before / baseball / to / so / likes / but /, / after
／ like / he / because / soccer ）.

(15) 私はテニスの練習がしたいです、私の宿題を終わらせた後で。

（ homework / and / before / so / tennis / want / but /, / I / after /
practice / finish / because / I / to / my ）.

[解答] (11) Jim is tall, but (he) does not play basketball. (12) He goes to Shizuoka every month because his parents live there. (13) She is hungry, so she wants to go to that restaurant. (14) He likes baseball, and I like soccer. (15) I want to practice tennis after I finish my homework. 【問題解説】(11) but の前と後で主語が同じなので、but の後の文では主語(he)を省略できる。

ポイント！after と before

多くの場合 A after B は、After B, A とすることができ、A before B は、Before B, A とすることができる。

(1) I want to go home after I finish my practice.
- → After I finish my practice, I want to go home.
（私は練習の後、家に帰りたいです）

(2) I was nervous before my presentation.
- → Before my presentation, I was nervous.
（私の発表の前、私は緊張していました）

英作文：ここでは接続詞を文頭では使わないこと

(16) 私はあのスーパーに行きたいです、（そこが）閉まる前に。

(17) 彼は毎週ここに来ます。なぜなら、彼はこのパソコンが好きだからです。

(18) 彼女はみんなに優しいので、彼女は人気です。

(19) このドレスは美しいですが、（それは）高級です。

(20) 私はコーヒーが好きで、私の母はお茶が好きです。

[解答]（16) I want to go to that supermarket before it closes. (17) He comes here every week because he likes this computer. (18) She is（She's）nice（kind）to everybody（everyone）, so she is（she's）popular. (19) This dress is beautiful, but（it is（it's））expensive. (20) I like coffee, and my mother likes tea. 【問題解説】(16) close ＝ 閉まる（動詞）(17) パソコン ＝ computer（PC は、あまり使われない）(19) but の前と後で主語と be 動詞が同じなので、but の後では it is を省略することができる。

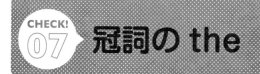

CHECK! 07 冠詞の the

　the は定冠詞と呼ばれ、文の流れや状況から、どの名詞について話しているか特定される場合に使われます。日本語では「その」とよく訳され「that に置き換えられる」と説明を受けることもあるのですが、the United States / the sun / in the morning など、the が名前やフレーズの一部として使われる場合もあるため暗記してしまった方が良いものもあります。

穴埋め問題

(1) 彼女は毎日ピアノを練習するのですか。― はい、そうです。

　　(　　　) she (　　　) (　　　) (　　　) (　　　) (　　　)? – Yes, (　　　)
　　(　　　).

(2) マモルは、図書館(の中)にいるのですか。― いいえ、違います。

　　(　　　) Mamoru (　　　) (　　　) (　　　)? – No, (　　　) (　　　).

(3) 彼女は朝にいくらかコーヒーを飲みます。

　　She (　　　) (　　　) coffee (　　　) (　　　) (　　　).

(4) 彼はスポーツを全くしませんが、いくつかの楽器(instrument)を弾くことができます。

　　He (　　　) (　　　) (　　　) (　　　), (　　　) he (　　　) (　　　)
　　instruments.

(5) 太陽はとても熱いです。

　　(　　　) (　　　) (　　　) very (　　　).

［解答］(1) Does / practice / the / piano / every / day – she / does (2) Is / in / the / library – he / isn't（he's / not）(3) drinks / some / in / the / morning (4) doesn't / play / any / sports / but / plays / some (5) The / sun / is / hot

【問題解説】(1) 楽器を練習する ＝ practice the 楽器名 (2)「図書館」は、文脈上どの図書館なのか限定されていることが予想できるため（マモルがいつも行く図書館、学校の図書館など）the library となる。

ポイント！ some と any の使い分け

some ＝（肯定文で）いくつか / いくらか

〈例〉He has some cars. (彼は何台か車を持っています)

any ＝（疑問文で）何か / いくつか / いくらか

〈例〉Does he have any cars? (彼は何台か車を持っていますか)

not ～ any ＝（否定文で）少しも～ない

〈例〉He doesn't have any cars. (彼は1台も車を持っていません)

some / any の後に「可算名詞」が入る場合、基本的に複数形が使われる。また、肯定の答えを予想したり、物をすすめたりする時は、疑問文でも some が使われることがある。

〈例〉Do you want some water? (水が欲しいですか)

【レストランなどで水をすすめる場合に使われる】

並び替え問題：不要な単語もあるので注意

(6) 私は先週山梨にいました。食べ物がとてもおいしかったです。

(in / week / on / Yamanashi / last / to / were / by / the / was / I).

(food / the / is / are / was / from / very / were / good / to / in).

(7) 彼女は将来関西地方に住みたいと思っています。なぜなら、彼女の母親がそこに住んでいるからです。

(the / wants / there / in / to / future / from / in / she / the / live / her / Kansai / because / mother / on / area / lives).

(8) あなたはいくらか牛乳が欲しいのですか。— はい、そうです。

(you / does / are / want / milk / any / do / the)? – (am / are / I / yes / , / do / does).

(9) 彼はアメリカに何名か友人がいます。

(United / from / some / the / are / he / on / friend / in / any / friends / has / States / is / ,).

(10) 私は全く日本人の生徒を指導しませんが、私は何名か中国人の生徒を指導します。

(do / teach / students / but / not / any / the / students / I / Chinese / some / Japanese / I / teach / before / , / the).

[解答] (6) I was in Yamanashi last week. The food was very good. (7) She wants to live in the Kansai area in the future because her mother lives there. (8) Do you want any milk? – Yes(, I do). (9) He has some friends in the United States. (10) I do not teach any Japanese students, but (I) teach some Chinese students. 【問題解説】(6) 2 文目の「食べ物」は「私が山梨で食べた食べ物」と限定されていることが推測できるため the food となる。(7)「関西地方 = the Kansai area」「将来 = in the future」

英作文

(11) 私はこの図書館が好きです。建物は新しく美しいです。

(12) 彼女はバイオリンを弾くのですか。— いいえ、しません。

(13) 私のアパートは駅から遠いです。

(14) 私は同じパソコンを使いたいです。

(15) 彼女は何冊か英語の教科書を持っていて、彼女はそれらを売りたいと思っています。

(16) 彼は全くお金を持っていません。

(17) あなたは午後にバドミントンをしたいのですか。— はい、そうです。

(18) サトシは体育館（の中）にいませんでした。

(19) あなたは何台かテレビを持っているのですか。— いいえ、持っていません。

(20) 私は将来これらの車を買いたいです。

[解答] (11) I like this library. The building is new and beautiful. (12) Does she play the violin? – No(, she doesn't (does not)). (13) My apartment is far from the station. (14) I want to use the same computer. (15) She has some English textbooks, and she wants to sell them. (She has some English textbooks and wants to sell them.) (16) He does not (doesn't) have any money. (17) Do you want to play badminton in the afternoon? – Yes(, I do). (18) Satoshi was not (wasn't) in the gym. (19) Do you have any TVs? – No(, I don't (do not)). (20) I want to buy these cars in the future. **【問題解説】** (11) 2 文目の「建物」は「図書館の建物」と限定されているので the building となる。(12) 楽器を弾く = play the 楽器名 (13) 駅は「最寄りの駅」だと分かるため the station となる。(14) same は、基本的に the same で使われる (何と同じなのか限定されているため) (17) 午後に = in the afternoon (18)「体育館」は「学校の体育館」など限定されていることが推測できるため the gym となる。(20) 将来 = in the future

疑問詞とは「何」「どこ」「どうやって」などを表す単語で、Wh で始まるもの（What /
Where など）や How / How ○○ で始まるものがあります。これらは文の先頭で使わ
れるのがポイントです。

穴埋め問題

(1) あなたはどこに住んでいるのですか。― 私は神奈川に住んでいます。

(   ) (   ) (   ) (   )? – I (   ) (   ) Kanagawa.

(2) あなたの誕生日はいつですか。―（それは）7 月 10 日です。

(   ) (   ) (   ) (   )? – (   ) (   ) (   ) 10.

(3) 彼はなぜ今家に帰りたがっているのですか。

(   ) (   ) he (   ) (   ) (   ) (   ) (   )?

(4) あなたは何をするのが好きなのですか。― 私はスポーツをするのが好き
です。

(   ) (   ) you (   ) (   ) (   )? – I (   ) (   ) play
(   ).

(5) あなたの科学の授業はどうでしたか。―（それは）興味深かったです。

(   ) (   ) (   ) (   ) class?

– It (   ) (   ).

[解答]（1）Where / do / you / live – live / in（2）When / is / your / birthday – It /
is / July（3）Why / does / want / to / go / home / now（4）What / do / like / to /
do – like / to / sports（5）How / was / your / science – was / interesting《全体の
説明》「どこ＝where」「いつ＝when」「なぜ＝why」「何＝what」「どう／どうやっ
て＝how」「誰＝who」【問題解説】（2）日にち自体を訪ねている（「誕生日に」ではな
い）ので on はつかない。

並び替え問題：不要な単語もあるので注意

(6) 彼女は誰ですか。― 彼女はアカネです。

（ is / who / why / are / what / she / how / was / when / were /where ）?
– （ am / she / was / is / are / am / Akane ）.

(7) 彼女はどうやって学校に行くのですか。― 彼女はバスで学校に行きます。
（ school / who / go / why / to / she / was / what / how / does / is /
when / where ）? – （ by / goes / by / her / she / school / go / in / to
/ bus ）.

(8) なぜあなたは新しい車が欲しいのですか。
（ to / who / in / many / do / why / you / a / much / what / want /
how / when / car / new / where / for ）?

(9) コンサートはいつだったのですか。― （それは）先週でした。
（ was / who / why / what / concert / how / the / a / does / when /
where / is ）? – （ were / week / was / it / I / yesterday / last / on / in
/ from ）.

(10) 何台の机があなたは必要なのですか。
（ desks / who / you / why / are / much / what / how / when / often
/ where / need / many / do ）?

[解答] (6) **Who is she?** – **She is Akane.** (7) **How does she go to school?** – **She
goes to school by bus.** (8) **Why do you want a new car?** (9) **When was the
concert?** – **It was last week.** (10) **How many desks do you need?**【問題解説】(9)
「コンサート」は限定されているため（先週行われたコンサート）なので、the concert
となる。last week は副詞句なので基本的に前置詞はつかない。(10) いくつの／どれ
くらい＝how many（可算名詞の数を尋ねたい時に使われる）

英作文

(11) あなたの学校はどこですか。―(それは)渋谷にあります。

(12) なぜあなたは世界を旅行したいのですか。

(13) 私は疲れています。あなたはどうですか。

(14) ギターを弾きたいのは誰ですか。― 私です。

(15) あの赤いカバンはいくらですか。

(16) 私たちの次のミーティングはいつですか。―(それは)この午後です。

(17) 彼女はあなたの先生ですか。彼女の名前は何ですか。

(18) あなたはどれくらい頻繁にそこに行くのですか。― 私はそこに毎月行きます。

(19) あなたはなぜ私の部屋にいるのですか。

(20) 彼は毎日どれくらいの量のコーヒーを飲むのですか。

【解答】(11) Where is your school? – It is in Shibuya. (12) Why do you want to travel the world? (13) I am（I'm）tired. How（What）about you? (14) Who wants to play the guitar? – I do. (15) How much is that red bag? (16) When is our next meeting? – It is（It's）this afternoon. (17) Is she your teacher? What is her name? (18) How often do you go there? – I go there every month. (19) Why are you in my room? (20) How much coffee does he drink every day?

【問題解説】(12) 世界 = the world (13) あなたはどうですか = How（What）about you? (14) 主語を尋ねる who の疑問文。(15)（値段を尋ねる）いくら = how much (16) this afternoon は副詞句なので in などの前置詞はつかない。(18) どれくらい頻繁に = how often (20) どれくらいの量 = how much（不可算名詞の量を尋ねる時に使われる）

動詞の様子を説明する副詞

動詞の様子を説明する副詞には、well（上手な）/ fast（速い）といった単語や beautifully（美しく）/ differently（違く）のように「形容詞ly」のものがあります。これらは「動詞（＋目的語）＋副詞」の形で主に使われます（副詞の前に very / so が足される場合もあります）。

穴埋め問題

(1) 彼女は彼女のお兄さんとは違ったふうにピアノを弾きます。

(　　)(　　) the (　　)(　　)(　　)(　　) brother.

(2) あなたはこの部屋の中を慎重に歩く必要があります。

(　　)(　　)(　　) walk (　　)(　　)(　　) room.

(3) 彼は熱心に勉強します。なぜなら彼は医者になりたいからです。

He (　　)(　　)(　　) he (　　)(　　) become (　　)(　　).

(4) 彼女は美しくギターを弾くのですか。― はい、そうです。

(　　)(　　)(　　) the (　　)(　　)? – Yes, (　　)(　　).

(5) なぜワタルはゆっくり食べるのですか。

(　　)(　　) Wataru (　　)(　　)?

【解答】(1) She / plays / piano / differently / from / her (2) You / need / to / carefully / in / this (3) studies / hard / because / wants / to / a / doctor (4) Does / she / play / guitar / beautifully – she / does (5) Why / does / eat / slowly 【問題解説】(1) A と違ったふうに ＝ differently from A (2) 慎重に ＝ carefully (3) 熱心に ＝ hard (4) 美しく ＝ beautifully (5) ゆっくり ＝ slowly

並び替え問題：不要な単語もあるので注意

(6) 彼はとても上手にサッカーをします。
(soccer / was / well / goodly / very / he / plays / is / play).

(7) 彼女はとても賢いですが、彼女は静かです。
(smart / so / but / and / smartly / because / quiet / she / is / , / she / is / quietly / in).

(8) なぜ私はそれを再びする必要があるのですか。
(I / why / to / what / where / do / it / when / need / again / againly / do)?

(9) あなたの英語のテストは難しかったのですか。
(were / are / your / was / is / hard / test / English / hardly)?

(10) 彼女は毎日早くに起きるのですか。
(get / does / fast / day / she / up / early / to / in / on / from / every)?

[解答] (6) He plays soccer very well. (7) She is so smart, but (she is) quiet. (8) Why do I need to do it again? (9) Was your English test hard? (10) Does she get up early every day? 【問題解説】(6) 上手に＝well (7)「quiet＝静か（形容詞）」「quietly＝静かに（副詞）」but の前と後の文で主語と be 動詞が同じなので、後の文は主語と be 動詞を省略することができる。(8) 再び＝again (9) ここで登場する hard は「難しい」という意味の形容詞。(10)「起きる／起床する＝get up」「早く＝early」every day は、副詞句なので in/on などの前置詞はつかない。

英作文

(11) 彼は年寄りですが、彼は速く歩きます。

(12) 彼女はバスケットボールが得意です。なぜなら彼女は熱心に練習するか
らです。

(13) あの病院は新しくて美しいです。

(14) 私は京都を愛しています。私は（そこに）また行きたいです。

(15) 彼女は若いですが、バイオリンを上手に弾きます。

[解答] (11) He is old, but（he）walks fast（quickly）. (12) She is good at basketball because she practices（it）hard. (13) That hospital is new and beautiful. (14) I love Kyoto. I want to go there again. (15) She is young, but（she）plays the violin well. 【問題解説】(12)「〜が得意 = be good at 〜」「熱心に = hard」(13) 動詞を説明する副詞は入っていないので注意。(14) また / 再び = again (15) 上手に = well

助動詞 can

　助動詞 can とは「〜できる」「〜してもいい」という意味を表す単語です。肯定文は「主語 + can + 動詞 + 〜 .」否定文は「主語 + cannot (can't) + 動詞 + 〜 .」そして疑問文は「(疑問詞 +) Can 〜 ? 」の形で使われ、Yes, 主語 can. / No, 主語 can't. といった答え方がされます。動詞は主語にかかわらず原形(辞書で調べる形)になるのが特徴です。

穴埋め問題

(1) 彼女は上手にピアノを弾くことができます。— 彼女は(それを)毎日練習するのですか。

She (　　) (　　) (　　) (　　) (　　). – (　　) she (　　) it (　　) (　　)?

(2) あなたはあのパソコンを使うことができません。なぜなら、(それは)私の兄のだからです。

(　　) (　　) (　　) (　　) computer (　　) it (　　) (　　) (　　).

(3) 私たちは今月 3 本の映画を作る必要がありますが、私たちはどうしたらそれができるのですか。

We (　　) (　　) make three (　　) (　　) (　　), (　　) (　　) (　　) we (　　) it?

(4) 私は料理をすることが好きです。— あなたは何が作れるのですか。

(　　) (　　) cooking. – (　　) (　　) (　　) make?

(5) (私を)手伝ってくれますか。【ヒント：can を使う】
　— もちろんです。あなたは何が必要なのですか。

(　　) you (　　) (　　)? – (　　). (　　) (　　) (　　) (　　)?

【解答】(1) can / play / the / piano / well − Does / practice / every / day (2) You / cannot(can't)/ use / that / because / is / my / brother's (3) need / to / movies / this / month / but / how / can / do (4) I / like − What / can / you (5) Can / help / me − Sure / What / do / you / need 【問題解説】(1) 2 文目は一般動詞の文なので注意。(5) Can you help me? ＝手伝ってくれますか（決まったフレーズ）

並び替え問題：不要な単語もあるので注意

(6) 彼女はお祭りに行くことができません。なぜなら、彼女は車を持っていないからです。

(have / she / to / the / go / car / doesn't / can't / festival / because / so / , / she / has / the / a).

(7) お手伝いしましょうか。

(you / can / to / your / do / I / help / me / mine)?

(8) 私たちはいつ家に帰ることができるのですか。— あなたたちは今家に帰ることができます。

(we / when / can / you / where / home / for / why / to / go / in)?
–(home / you / every / to / go / can / for / now / in).

(9) 彼らは私の部屋を使うことができますが、ナオミの部屋は使うことができません。

(use / my / in / Naomi's / room / they / from / mine / , / cannot / but / they / use / room / can / use / Naomi).

(10) 彼は朝早くに起きません。

(use / get / morning / can't / up / he / in / doesn't / a / the / early / from).

英作文

(11) 私はどこに座ることができるのですか。— あなたはここに座ることができます。

(12) あなたは、あのテストを今日受けることができません。

(13) 私は、あなたの車を明日運転してもいいですか。— はい、できます。

(14) 彼女は上手にギターを弾くことができますが、彼女はピアノを弾くことはできません。

(15) 彼女はサッカーが得意なのですか。— はい、そうです。

(16) あなたはいつあなたの宿題を終わらせることができるのですか。

(17) 私たちはあのデパートに行くことはできません。なぜなら、それは遠すぎるからです。

(18) 私たちはどのように彼らをサポートできますか。

(19) あなたは彼にこのメールを送る必要がありません。

(20) 誰がスペイン語を読むことができるのですか。— ヒロトができます。

[解答] (11) Where can I sit? – You can sit here. (12) You can't (cannot) take that test today. (13) Can I drive your car tomorrow? – Yes (, you can). (14) She can play the guitar well, but (she) cannot (can't) play the piano. (15) Is she good at soccer? – Yes (, she is). (16) When can you finish your homework? (17) We cannot (can't) go to that department store because it is (it's) too far. (18) How can we support them? (19) You do not (don't) need to send this email (e-mail / mail) to him. (20) Who can read Spanish? – Hiroto can. 【問題解説】(12) 「テストを受ける」という場合、使われる動詞は take。(15) can の文章ではないので注意。(19) can の文ではないので注意。「メール」という場合、mail を使うこともできるが、mail には「郵便」という意味もあるので注意。(20) 主語を尋ねる who の疑問文。

穴埋め問題

(1) あなたはあなたのオフィスに今いるのですか。― はい、そうです。

(　) (　) (　) (　) office (　)? – Yes, (　) (　).

(2) あなたは明日何をしたいですか。

(　) (　) you want (　) (　) (　)?

(3) 彼女は慎重にあれらの質問に答える必要があります。

She (　) to (　) those (　) (　).

(4) 何がテーブルの上にあるのですか。― 私のカバンです。

(　) (　) (　) (　) table? – (　) (　) (　).

(5) 彼は毎日働きませんが、彼はお金持ちです。

He (　) (　) (　) (　), (　) he (　) (　).

【解答】(1) Are / you / in/ your / now – I am (2) What / do / to / do / tomorrow
(3) needs / answer / questions / carefully (4) What / is / on / the – My / bag / is
(5) doesn't / work / every / day / but / is / rich 【解説】(1) now は副詞なので前置
詞はつかない。(2) tomorrow は副詞なので前置詞はつかない。(3) need to 〜 = 〜
する必要がある (4) 主語を尋ねる What の疑問文。(5) every day は副詞なので前置
詞はつかない。

並び替え問題：不要な単語もあるので注意

(6) トムは日本語を話すことができますが、彼は日本語を読むことができま
せん。

(write / Japanese / speaks / Japanese / Tom / he / speak / , / so /
Japan / because / can / can't / but / read / Japan).

(7) バスケの試合はどうでしたか。— (それは)とてもワクワクするものでした。

(what / the / why / were / when / basketball / on / was / game / in / how / last)? – (very / what / were / in / was / how / it / exciting).

(8) 彼らはカナダ出身なのですか。— いいえ、違います。

(he / do / from / in / are / they / is / on / to / were / Canada)?

– (weren't / , / he / no / they / aren't / isn't).

(9) なぜあなたはそれが次の月曜日までに必要なのですか。

(are / you / need / why / Monday / it / do / Wednesday / from / in / by / Thursday / on / next)?

(10) あなたのお気に入りのサッカー選手は誰ですか。

(player / is / like / who / do / play / your / soccer / was / were / favorite / are)?

【解答】(6) Tom can speak Japanese, but (he) can't read Japanese. (7) How was the basketball game? – It was very exciting. (8) Are they from Canada? – No(, they aren't). (9) Why do you need it by next Monday? (10) Who is your favorite soccer player?【解説】(6) but の前と後の主語が同じなので、but の後の主語は省略可能。(7)「バスケの試合」は、どのバスケの試合か限定されていること(昨日行われたバスケの試合など)が推測できるため the がつく。(9) ～までに = by ～

英作文

(11) 私たちは、ここからそこにどのように行くのですか。

(12) あなたは水曜日にどこにいたのですか。― 私は岡山にいました。

(13) 彼は熱心に日本語を勉強するので、彼は上手に日本語を話すことができます。

(14) 彼女はテニスをしますが、彼女は速く走ることができません。

(15) 彼は毎朝早くに起きるのですか。― いいえ、違います。

(16) 私はこれらの箱を動かしたいです。（あなたが私を）手伝ってくれますか。
【ヒント：2文目は can を使う】

(17) なぜあなたは次の金曜日に奈良に行く必要があるのですか。

(18) 手伝いましょうか。（私があなたを助けましょうか）

(19) 私たちの学校はここから遠いです。

(20) あなたは何を教えることができるのですか。― 私は英語と科学を教えることができます。

【解答】(11) How do we go there from here? (12) Where were you on Wednesday? – I was in Okayama. (13) He studies Japanese hard, so he can speak Japanese well. (14) She plays tennis, but (she) can't (cannot) run fast (quickly). (15) Does he get up early every morning? – No(, he doesn't (does not)). (16) I want to move these boxes. Can you help me? (17) Why do you need to go to Nara next Friday? (18) Can I help you? (19) Our school is far from here. (20) What can you teach? – I can teach English and science.
【解説】(16) Can you help me? は決まった言い方。(18) Can I help you? は決まった言い方。(19) here は副詞だが、from は足すことができる。

疑問詞 2

今回は Whose / Which といった疑問詞だけでなく、Whose ○○ / Which △△ のように疑問詞に別の単語を足した形も学んで行きます。

穴埋め問題

(1) それは誰の車なのですか。― それはジムのです。

　　(　　) (　　) (　　) it? – It (　　) (　　).

(2) 彼はどれくらい頻繁に宮城に行くのですか。― 彼は毎月そこに行きます。

　　(　　) (　　) (　　) he (　　) (　　) Miyagi? – He (　　)
　　(　　) (　　) (　　).

(3) あなたは毎朝何時に起きるのですか。

　　(　　) (　　) (　　) you (　　) (　　) (　　) (　　)?

(4) 私は新しいパソコンが欲しいです。― こちらのは、どうですか。

　　I (　　) (　　) (　　) (　　). – How (　　) (　　) one?

(5) (私には)テーブルにある 2 冊の教科書が見えます。どちらがあなたのですか。

　　I see (　　) (　　) (　　) (　　) (　　). (　　) (　　) (　　)?

[解答] (1) Whose / car / is – is / Jim's (2) How / often / does / go / to – goes / there / every / month (3) What / time / do / get / up / every / morning (4) want / a / new / computer – about / this (5) two / textbooks / on / the / table / Which / is / yours 【問題解説】(1) 誰の○○ = Whose ○○ (2) どれくらい頻繁に = How often (3) 何時 = What time (4) ○○はどう = How about ○○ (5) (年齢など特別な場合を除き)一桁の数字は基本的にアルファベットで書かれるため 最初のカッコは 2 よりも two が好ましい。「どちらが = Which」

並び替え問題：不要な単語もあるので注意

(6) あなたは何の動物が好きなのですか。― 私は犬が好きです。

(animal / what / is / you / are / like / do / does)? – (like / dogs / a / dog / I / am).

(7) どれくらいの量の水があなたは必要なのですか。

(how / are / many / want / you / water / need / much / do)?

(8) どのようにあなたの名前を日本語で書くのですか。

(your / are / name / from / how / by / you / in / do / write / Japanese)?

(9) どちらの腕時計をあなたは買いたいのですか。

(how / want / whose / watch / what / to / are / buy / you / which / do)?

(10) あなたの部屋はどれくらい大きいのですか。

(whose / big / your / was / which / does / how / what / room / is)?

【解答】(6) What animal do you like? – I like dogs. (7) How much water do you need? (8) How do you write your name in Japanese? (9) Which watch do you want to buy? (10) How big is your room?

【問題解説】(6)「何の〇〇 = What 〇〇」「犬が好き」という場合、通常1匹ではなく一般的な犬（たくさん）を指すため dogs と複数形になる。(7) どれくらいの量の〇〇（不可算名詞）= How much 〇〇 (8)「（一般的に）どのように〇〇する = How do you 〇〇（基本的に you は「あなた」とは訳さない）」(9) どちらの〇〇 = Which 〇〇 (10) どれくらい 〇〇 = How 〇〇

英作文

(11) 彼女は何本の赤いペンを持っているのですか。

(12) サッカーと野球のどちらが、あなたは好きですか。

(13) どちらの本をあなたは読みたいですか。

(14) 私はこの DVD プレイヤーは必要ないです。— あのテレビはどうですか。

(15) あなたの車はいくらだったのですか。—（それは）200 万円でした。

(16) 誰のジャケットが床にあるのですか。

(17) どれくらい頻繁に彼女はバレーボールを練習するのですか。

(18) 何の科目があなたは好きですか。— 私は音楽が好きです。

(19) 彼は何歳ですか。— 彼は 30 歳です。

(20) あなたは毎日どれくらいの量のコーヒーを飲むのですか。

[解答]（11）How many red pens does she have?（12）Which do you like, soccer or baseball?（13）Which book do you want to read?（14）I do not（don't）need this DVD player. – How（What）about that TV?（15）How much was your car? – It was two million yen.（16）Whose jacket is on the floor?（17）How often does she practice volleyball?（18）What subject do you like? – I like music.（19）How old is he? – He is 30（years old）.（20）How much coffee do you drink every day?【問題解説】（11）何本の〇〇（可算名詞）＝ How many 〇〇（12）A と B のどちらが〜 ＝ Which 〜, A or B?（13）どちらの〇〇 ＝ Which 〇〇（14）〇〇はどう ＝ How（What）about 〇〇（15）（値段）いくら ＝ How much（16）「誰の〇〇 ＝ Whose 〇〇」「床」はどこの床（目の前の床など）なのか限定されているので the がつく。（17）どれくらい頻繁に ＝ How often（18）何の〇〇 ＝ What 〇〇（19）何歳 ＝ How old（20）どれくらいの量の〇〇（不可算名詞）＝ How much 〇〇

CHECK! 12 前置詞2

Let's try!
20問

今回主に学ぶ前置詞は about / at / for / with の4つです。ここでしっかり使い方を覚えていきましょう！

穴埋め問題

(1) あなたはどれくらい頻繁にアリスと英語を勉強するのですか。

( ) ( ) ( ) you ( ) ( ) ( ) Alice?

(2) あなたは何時にあそこを出発する必要があるのですか。— 私はあそこを 2時に出発する必要があります。

( ) ( ) ( ) you ( ) ( ) ( ) ( )? – I ( )
( ) ( ) ( ) ( ) 2:00.

(3) 彼は毎日だいたい50分間走ります。

He ( ) ( ) ( ) 50 ( ) ( ) ( ).

(4) あなたはどこにいるのですか。— 私は、広島駅にいます。

( ) ( ) ( )? – ( ) ( ) Hiroshima Station.

(5) 私たちは、私たちの新しいプロジェクトについて話すことができますか。

( ) ( ) talk ( ) ( ) ( ) project?

[解答] (1) How / often / do / study / English / with (2) What / time / do / need / to / leave / there – need / to / leave / there / at (3) runs / for / about / minutes / every / day (4) Where / are / you – I'm / at（in）(5) Can / we / about / our / new 《全体の説明》「about ＝ 〜について / だいたい」「at ＝（〜時（〜分））に / 〜に・で（場所）」「for ＝ 〜のため / 〜宛 / 〜に（朝食など）/（時間 / 距離）〜の間」「with ＝ 〜と（一緒に）/ 〜で（道具を用いて）」【問題解説】(4) 駅の建物の中にいる場合は in を使うことも可。

48

ポイント！

(1) in と at の違い

in = その場所の「中」にいる（ある）

at = その場所の「一点（中とは限らない）」にいる（ある）

〈例〉どこにいるの？

I am in my house.
＜私は家の中にいます＞

庭

家

庭 or 家のどちらも
可能性がある

I am at my house.
＜私は家にいます＞

(2) 時間を表す副詞やフレーズは小さいものから

時間を表す副詞や前置詞の含まれたフレーズなどが続けて使われる場合は、基本的に
単位の小さいものが前にくる。

〈例〉I leave here at 8:30 every day.
（私は毎日 8:30 にここを出発します）

(3) in / on / at の時間の関係と範囲の広さ

【in / on / at と時間の関係】

【範囲の広さ】

並び替え問題：不要な単語もあるので注意

(6) 約400万人の人たちがこの国には住んでいます。

(are / four / in / this / with / for / about / people / at / city / millions / million / live / lives / country).

(7) このプレゼントはあなたのためのものではないので、あなたはそれを開けてはいけません。

(not / it / you / for / , / cannot / is / this / about / so / present / with / you / in / at / open).

(8) 彼はなぜスパゲッティを箸で食べるのですか。

(do / where / why / he / does / for / what / eat / about / is / who / with / in / at / spaghetti / chopsticks)?

(9) カズオは図書館にいます。なぜなら彼は彼のテストのために勉強する必要があるからです。

(needs / library / Kazuo / test / studies / the / for / does / about / , / / so / is / because / with / he / to / his / at / he / for / study).

(10) 私たちは十分な食べ物が全員分あるのですか。— はい、あります。

(we / do / are / for / food / have / is / they / everybody / about / enough / with / in / at)? – (we / are / yes / , / do / they).

【解答】(6) About four million people live in this country. (7) This present is not for you, so you cannot open it. (8) Why does he eat spaghetti with chopsticks? (9) Kazuo is at the library because he needs to study for his test. (10) Do we have enough food for everybody? – Yes, we do.

【問題解説】(6) million は「複数 + million」となっても millions にはならないので注意。

英作文

(11) あなたはあなたの両親と一緒に住んでいるのですか。— はい、そうです。

(12) 彼のピアノのレッスンは、10:30 に始まります。

(13) 彼女はヨーグルト(yogurt)を毎朝朝食に食べます。

(14) あなたはあなたの名前を黒いペンで書く必要があります。

(15) 何台の机をあなたたちは持っているのですか。— 私たちは大体 30 台持っています。

[解答] (11) Do you live with your parents? – Yes(, I do). (12) His piano lesson starts (begins) at 10:30. (13) She eats yogurt for breakfast every morning. (14) You need to write your name with a black pen. (15) How many desks do you have? – We have about 30 desks.

一般動詞の過去形

　一般動詞の過去形は主語に関わらず同じ形が使われます。多くの一般動詞は原形の最後を ed にすれば過去形になるのですが、go の過去形が went になるように形が全く異なるものもあります（不規則動詞）。また、do / does の代わりに did が使われるのも特徴の１つです。

穴埋め問題

(1) 私はクリスと一緒にサッカーをしました。— どれくらいの間、あなたたちはしたのですか。

I (　　　) (　　　) (　　　) Chris. – (　　　) (　　　) (　　　) (　　　) (　　　)?

(2) 彼女はショーを楽しみませんでした。— 何が問題だったのですか。

She (　　　) (　　　) (　　　) show. – (　　　) (　　　) (　　　) problem?

(3) あなたは、あのプレゼントをあなたのお父さんのために買ったのですか。— はい、そうです。

(　　　) (　　　) (　　　) that (　　　) (　　　) (　　　) father? – Yes, (　　　) (　　　).

(4) あなたは昨晩夕飯に何を食べましたか。— 私はお寿司を食べました。

(　　　) (　　　) (　　　) eat (　　　) dinner (　　　) night? – I (　　　) (　　　).

(5) 彼は彼の宿題をする必要がありませんでした。

He (　　　) (　　　) (　　　) to (　　　) (　　　) (　　　).

[解答] (1) played / soccer/ with – How / long / did / you / play (2) didn't / enjoy / the – What / was / the (3) Did / you / buy / present / for / your – I / did (4) What / did / you / for / last – ate（had）/ sushi (5) did / not / need / do / his / homework 《全体の説明》「肯定文：主語 ＋ 一般動詞の過去形（＋ 〜）」「否定文：主語 ＋ did not(didn't)＋ 一般動詞（＋ 〜）」「疑問文：Did ＋ 主語 ＋ 一般動詞（＋ 〜）? 【答え方】Yes, 代名詞 ＋ did. / No, 代名詞 ＋ didn't(did not).」（疑問詞が足される場合は「疑問詞 ＋ did 〜?」の形）【問題解説】(2) show と problem は「どのショー（彼女が行ったショー）」「何の問題（彼女が楽しまなかった理由）」と限定されているので the がつく。

並び替え問題：不要な単語もあるので注意

(6) 私はあのパソコンを前回の月曜日に使いましたが、私は（それを）昨日使いませんでした。

(used / that / I / don't / useed / it / computer / I / use / Monday / but / did / , / early / yesterday / last / didn't).

(7) 誰がこの窓を壊したのですか。― クリスです。

(break / this / that / who / did / window / broke / breaked / door)? – (did / do / Chris / was / does / break / ,).

(8) 彼らはあのレストランが好きではなかったです。なぜなら、（それは）古かったからです。

(restaurant / didn't / it / old / doesn't / that / don't / they / aren't / like / weren't / liked / is / because / did / was).

(9) あなたはあのコーヒーを今日飲んだのですか。― いいえ、違います。

(you / drank / that / did / drinked / coffee / today / drink / yesterday)? – (wasn't / , / don't / no / I / didn't).

(10) 私は伊藤先生のオフィスに 2 日前に行く必要がありました。— あなた
たちは何について話したのですか。

(to / needed / I / Mr. Ito's / at / go / on / to / two / went / days /
office / Mr. Ito / ago). – (do / did / yous / what / talked / you /
were / talk / about / your)?

【解答】(6) I used that computer last Monday, but (I) didn't use it yesterday.
(7) Who broke this window? – Chris did. (8) They didn't like that restaurant
because it was old. (9) Did you drink that coffee today? – No(, I didn't).
(10) I needed to go to Mr. Ito's office two days ago. – What did you talk
about?

【問題解説】(7) 主語を尋ねる Who の形なので、Who did とはならない。(10)「行く
必要があった ＝ needed to go（go は原形）」「2 日前 ＝ two days ago」「あなた / あ
なたたち ＝ you」

英作文

(11) 私はこの財布を見つけました。— どこにあったのですか。

(12) 彼らはあの学校を建てませんでした。

(13) あなたがこのカレー（curry）を作ったのですか。— はい、そうです。

(14) 私たちはヒロシを駅で見ました。

(15) 私は机を持っていなかったので、私は 1 台昨日買いました。

(16) あなたはこれをどうやって 3 日で終わらせたのですか。

(17) ベンはテスト前に熱心に勉強しましたが、彼の点数は良くなかったです。

(18) 彼女はあの手紙を英語で書きませんでした。彼女は（それを）日本語で書
きました。

一般動詞の過去形

(19) 彼女はここに車で来たのですか。— いいえ、違います。彼女はバスで
ここに来ました。

(20) ユカは彼女の両親と福井に行きました。— 彼女たちはいつ福島に戻っ
て来たのですか。

[解答] (11) I found this wallet. – Where was it? (12) They did not (didn't) build that school. (13) Did you make this curry? – Yes(, I did). (14) We saw Hiroshi at(in) the station. (15) I did not (didn't) have a desk, so I bought one yesterday. (16) How did you finish this in three days? (17) Ben studied hard before the test, but his score was not (wasn't) good. (18) She did not (didn't) write that letter in English. She wrote it in Japanese. (19) Did she come here by car? – No(, she didn't (did not)). She came here by bus. (20) Yuka went to Fukui with her parents. – When did they come back to Fukushima? **【問題解説】** (14) station は「どこの駅(最寄りの駅など)」と限定されているのが予想できるため、the がつく。「駅の中」なのであれば in を使うことも可。(16)「〜(の期間)で / 〜(の期間)後に」という場合、前置詞は in が使われる。(17) test は「どのテスト(ベンが受けたテスト)」と限定されているため、the がつく。(20) 戻って来る = come back

感嘆文とは「なんて〜なのでしょう！」といった何かに感動したり驚いたりした時に使われる表現で、How / What が使われます。「形容詞・副詞」だけの意味を強調したい場合は「How ＋形容詞（副詞）！」となり、「（形容詞＋）名詞」の意味を強調したい時は「What（＋形容詞）＋名詞！」となります。

穴埋め問題

(1) 彼女はこの質問を５分で答えました。— 何て賢いのでしょう。

She（　　　）（　　　）question（　　　）five（　　　）. –（　　　）smart!

(2) 彼はなんて背が高いのでしょう！彼はバスケットボールの選手ですか。

（　　　）（　　　）（　　　）（　　　）!（　　　）he（　　　）（　　　）（　　　）?

(3) 何て興味深い映画なのでしょう！私はもう１回(それを)見たいです。

（　　　）（　　　）interesting（　　　）!I（　　　）（　　　）see（　　　）
（　　　）.

[解答]（1）answered / this / in / minutes – How（2）How / tall / he / is – Is / a / basketball / player（3）What / an / movie / want / to / it / again《**全体の説明**》「あれは、何て〜なのでしょう！」のように主語が入る場合は、形容詞や副詞、名詞の後に「主語＋動詞」が入る。

並び替え問題：不要な単語もあるので注意

(4) あの電車は何て速いのでしょう！

(fast / how / that / what / does / train / is)！

(5) これは何て美しい花なのでしょう！あなたはどこで(それを)手に入れたのですか。

(a / what / this / why / beautiful / is / an / how / flower / at)！(it / when / why / how / where / what / you / got / did / get / for)？

(6) なんて遅いのでしょう！なぜあなたはこのパソコンを買ったのですか。

(a / slow / how / what / when / slowly)！(that / do / this / what / a / why / did / how / buy / bought / computer / you)？

［解答］(4) How fast that train is! (5) What a beautiful flower this is! Where did you get it? (6) How slow! Why did you buy this computer?

英作文

(7) なんてカッコいい車なのでしょう！(それは)誰のですか。

(8) なんてワクワクする本なのでしょう！誰が(それを)書いたのですか。

(9) あれらのペンは10円です。— なんて安いのでしょう！

(10) あれは何て高額な家なのでしょう。

［解答］(7) What a cool car! Whose is it? (8) What an exciting book! Who wrote it? (9) Those pens are 10 yen. – How cheap! (10) What an expensive house that is!

　進行形とは「歩いている」「見ていた」など、ある動作が一時的なものを説明する時に使われる表現です。基本の形は「be 動詞 ＋ 一般動詞の原形 ing」で、be 動詞が現在形なら「現在進行形（〜している）」、過去形なら「過去進行形（〜していた）」となります。

穴埋め問題

(1)　私は、私の母に手紙を書いています。

I (　　　) (　　　) (　　　) (　　　) (　　　) (　　　) mother.

(2)　彼らはリビングでテレビを見ていませんでした。

(　　) (　　) (　　) (　　) TV (　　) (　　) (　　) room.

(3)　あなたは、あなたの英語のテストのために勉強しているのですか。
　　　― いいえ、違います。

(　　) (　　) (　　) (　　) your (　　) (　　)? – No, (　　)
(　　).

(4)　彼女は、彼女の教科書を使っていませんでした。
　　　― 彼女は、誰の教科書を使っていたのですか。

She (　　) (　　) (　　) textbook.

– (　　) (　　) (　　) (　　) (　　)?

(5)　あなたは日本食が好きなのですか。― はい、そうです

(　　) (　　) (　　) (　　) food? – Yes, (　　) (　　).

[解答] (1) am / writing / a / letter / to / my (2) They / were / not / watching / in / the / living (3) Are / you / studying / for/ English / test – I'm / not (4) wasn't / using / her – Whose / textbook / was / she / using (5) Do / you / like / Japanese – I / do 《全体の説明》肯定文は「主語 ＋ be 動詞 ＋ 一般動詞の原形 ing ＋ 〜.」となり、否定文は be 動詞 に not を足し、疑問文は be 動詞を文頭に持ってくれば完成となる(be 動詞の文と同じ扱い)。【問題解説】(2) テレビを見る ＝ watch TV (5) 一般動詞の文。

並び替え問題：不要な単語もあるので注意

(6) あなたは何をしていたのですか。― 私はテレビゲームをしていました。
(do / where / did / were / what / are / you / is / when / doing)?
– (was / I / were / video / playing / doing / do / did / games).

(7) 彼女は私たちの新しいスケジュールについて話していません。
(is / she / about / new / was / talking / talked / not / our / did /
schedule / are / at).

(8) 私たちは、昨日彼らとサッカーをしました。
(yesterday / playing / soccer / were / them / with / we / played).

(9) 彼は何を作っているのですか。― 彼は私たちの昼食を作っています。
(is / what / making / he / does / make / was / did)? – (our / make
/ is / he / making / lunch / made).

(10) 彼は、彼の部屋で彼の宿題をしていませんでした。
(room / at / homework / his / for / he / in / his / was / doing / not).

[解答] (6) What were you doing? – I was playing video games. (7) She is not
talking about our new schedule. (8) We played soccer with them yesterday.
(9) What is he making? – He is making our lunch. (10) He was not doing his
homework in his room. 【問題解説】(8) 一般動詞の文なので注意。

英作文

(11) 彼女は走っていましたが、私は歩いていました。

(12) 彼らは私のお気に入りの歌を歌っています。

(13) なぜ彼は窓のそばに座っているのですか。

(14) ケンはあのベンチの上で寝ていませんでした。

(15) あなたは彼の名前を覚えていますか。 ― はい、覚えています。

(16) 私は本を読んでいます。

(17) 彼女はどこで泳いでいたのですか。

(18) 彼らは新しい高校を建てています。

(19) 彼女は、たくさんの有名な科学者を知っています。

(20) 誰がギターを弾いているのですか。 ― ヒデトです。

[解答] (11) She was running, but I was walking. (12) They are singing my favorite song. (13) Why is he sitting by the window? (14) Ken was not (wasn't) sleeping on that bench. (15) Do you remember his name? – Yes(, I do). (16) I am (I'm) reading a book. (17) Where was she swimming? (18) They are building a new high school. (19) She knows many (a lot of) famous scientists. (20) Who is playing the guitar? – Hideto is. 【問題解説】(15) remember は、基本的に進行形にしないため一般動詞の文。(19) know は、基本的に進行形にしないため一般動詞の文。(20) 主語をたずねる who の疑問文。

未来形とは「～する予定」「～するつもり」「～するでしょう」と訳される形で be 動詞 + going to（be going to）と will の形があります。be going to は、be 動詞の文のように肯定文・否定文・疑問文を作り、will は助動詞なので can のように肯定文・否定文・疑問文を作ります。

穴埋め問題

(1) 彼女はナオミとバドミントンをするつもりです。

She（　　　）（　　　）（　　　）（　　　）badminton（　　　）Naomi.

(2) （私には）明日は時間がないでしょう。それについては来週お話しできますか。

I（　　　）（　　　）（　　　）（　　　）（　　　）.（　　　）we talk（　　　）it（　　　）（　　　）?

(3) あなたはオーストラリアで新しいビジネスを始めるつもりですか。
　　— はい、そうです。

（　　　）（　　　）（　　　）（　　　）start（　　　）（　　　）business（　　　）（　　　）? – Yes,（　　　）（　　　）.

(4) 私にはたくさんの宿題がありますが、私は月曜日までに終わらせるでしょう。

I（　　　）a（　　　）（　　　）（　　　）, but（　　　）（　　　）it（　　　）（　　　）.

(5) あなたは来週何をする予定ですか。— 私は、私の叔父を訪ねる予定です。

（　　　）（　　　）you（　　　）（　　　）（　　　）（　　　）（　　　）? – I（　　　）（　　　）（　　　）（　　　）my（　　　）.

(6) 私たちはあのデパートには行かないつもりです。なぜなら、私たちは先週（そこに）行ったからです。

We（　　　）go to（　　　）（　　　）（　　　）because we（　　　）（　　　）（　　　）（　　　）.

(7) マミはとても忙しいので、私たちは彼女と英語を勉強しません。

Mami (　) very (　), (　) we (　) (　) English
(　) (　).

(8) 私の父が今晩私たちのために夕食を作るつもりです。— なんて良いお父さんなのでしょう！

(　) father (　) (　) (　) (　) us (　). – (　)
(　) good father!

(9) 彼女は何をしているのですか。— 彼女は何枚か写真を撮っています。

(　) (　) (　) (　)? – She (　) (　) (　)
pictures.

(10) あなたは、コンサートに車で行くつもりですか。—いいえ、違います。

(　) you go (　) (　) (　) (　) car? – No, I (　).

【解答】(1) is / going / to / play / with (2) will / not / have / time / tomorrow / Can / about / next / week (3) Are / you / going / to / a / new / in / Australia – I / am (4) have / lot / of / homework / I'll / finish / by / Monday (5) What / are / going / to / do / next / week – am / going / to / visit / uncle (6) won't / that / department / store / went / there / last / week (7) is / busy / so / don't / study / with / her (8) My / will / make / dinner / for / tonight – What / a (9) What / is / she / doing – is / taking / some (10) Will / to / the / concert / by – won't

【問題解説】(4) 主語と will は、短縮させることができる。(例：I will = I'll)「たくさん～ = a lot of ～」「～までに = by ～」(6) will not の短縮形は won't (willn't = ×) (7) 現在形の文。(8)「cook = (熱を加えて)料理する」「make = (一般的に料理を)作る」(9) 進行形の文。(10) concert は、どのコンサートか限定されているため(あなたが車で行くかもしれないコンサート)the がつく。

ポイント！ be going to と will の違い

be going to と will は似た意味で使われることが多いが以下のような違いもある。

1. be going to が主に使われるケース
   a. 話す前からある程度、することが決まっている時。
      He is going to buy a TV.（彼はテレビを買う予定です）
      ＜もうすでに買うことがある程度決まっている状態＞
   b. 話し手が「そうなるだろう」と判断している時
      It is going to rain soon.（もうすぐ雨が降りそうです）
      ＜黒い雲があるなど、雨が降りそうだと予想している＞

2. will が主に使われるケース
   a. 自分の意思を表す時
      I will buy a TV.（私はテレビを買うつもりです）
      ＜「テレビを買う」という自分の意思が含まれている＞
   b. 単純な未来。自然のなりゆきで起こる未来
      It will rain on Monday.（月曜日に雨が降るでしょう）
      ＜ただ「雨が降るだろう」という意味＞

並び替え問題：不要な単語もあるので注意

(11) 彼らはケビンの家でパーティーをする予定です。
   (are / they / to / have / party / going / had / house / at / a / is / Kevin's).

(12) 私は今日私のパソコンを使わないつもりなので、あなたが(それを)使ってもいいです。— なんて優しいのでしょう！
   (computer / can / not / won't / to / use / you / I / so / am / today / , / my / use / it). – (are / how / nice / is / what / a)!

(13) 私は新しい車を買うつもりです。— 何の種類の車を買うつもりですか。
   (going / I / for / to / a / am / at / sell / new / buy / car). – (going / kind / what / sell / to / for / of / are / car / you / buy)?

(14) 何時に映画が始まる予定ですか。― 6:00 に始まる予定です。
  (will / what / the / is / begin / for / going / time / movie)?
  – (will / it / begin / to / 6:00 / at / for / going).

(15) あなたは近いうちにあなたの仕事を辞めるつもりですか。
  ―いいえ、違います。
  (quit / going / job / to / in / soon / your / at / are / you)?
  – (are / am / , / no / I / not / will).

(16) 私はあれらの教科書を毎日学校に持って行きます。
  (going / those / I / am / textbooks / to / take / every / school / to /
  on / day).

(17) 彼は3月に大学を卒業する予定なので、彼はとてもワクワクしています。
  (will / he / exciting / March / interested / graduate / so / in / , / he
  / excited / college / going / at / very / does / from / is / interesting).

(18) 彼らは今年日本人の生徒を全く教えない予定です。
  ― あなたは理由を知っていますか。
  (this / going / to / that / teach / they / do / any / year / not / is /
  these / Japanese / are / students).
  – (will / do / going / are / reason / you / the / know)?

(19) あなたはいつ新潟を出発する予定ですか。― 私は7月に出発する予定
  です。
  (are / when / time / at / Niigata / in / going / what / you / to /
  leave)? – (am / July / to / I / do / going / at / on / leave / in).

(20) これらの質問に答えてくれますか。― もちろんです。
  (will / questions / answer / these / to / question / you / going)?
  – (going / to / off / course / sure / I / am).

[解答] (11) They are going to have a party at Kevin's house. (12) I won't use my computer today, so you can use it. – How nice! (13) I am going to buy a new car. – What kind of car are you going to buy? (14) What time will the movie begin? – It will begin at 6:00. (15) Are you going to quit your job soon? – No (, I am not). (16) I take those textbooks to school every day. (17) He will graduate from college in March, so he is very excited. (18) They are not going to teach any Japanese students this year. – Do you know the reason? (19) When are you going to leave Niigata? – I am going to leave in July. (20) Will you answer these questions? – Sure.

【問題解説】(13) 何の種類の〜 = What kind of 〜 (16) 毎日の習慣についてなので現在形が使われる。(17)「〜を卒業する = graduate from 〜」「ワクワクする = be excited」(20) Will you 〜? = 〜してくれますか(Can you 〜? と似た意味)「もちろん = of course / sure」

命令文とは「〜しなさい」「〜して」という「強制・提案」を表す文で主語がなく動詞の原形（be 動詞なら be）で始めるのがポイントです。

穴埋め問題

(1) 彼らは寝ているので、静かにして。

( ) ( ) ( ), ( ) ( ) quiet.

(2) この部屋で食べたり飲んだりしないで。

( ) ( ) ( ) drink ( ) ( ) ( ).

(3) この宿題を火曜日までに終わらせてください。

( ) this ( ) ( ) ( ), ( ).

(4) 田中先生のオフィスに行ってこれらの質問をしましょう。

( ) ( ) ( ) Mrs. Tanaka's ( ) ( ) ask ( ) ( ).

(5) 熱心に勉強して、そうすればあなたはテストで良い点数が取れるでしょう。

( ) ( ), ( ) you ( ) ( ) ( ) good ( ) ( ) ( ) test.

[解答] (1) They / are / sleeping / so / be (2) Don't / eat / or / in / this / room (3) Finish / homework / by / Tuesday / please (4) Let's / go / to / office / and / these / questions (5) Study / hard / and / will / get / a / score / on / your
《全体の説明》丁寧な命令文には、文の最初か最後に Please がつき、「〜しましょう」という「提案・勧誘」には、文の最初に Let's がつく。また「命令文 , + and 〜 = 命令文しなさい、そうすれば〜」「命令文 , + or 〜 = 命令文しなさい、さもないと〜」という意味になる。【問題解説】(2) 否定文の「食べたり飲んだり」なので、and ではなく or が使われる。

66

並び替え問題：不要な単語もあるので注意

(6) 他の人たちに優しくして。
（ nice / to / for / are / other / I / you / am / at / people / be ）.

(7) このカメラを持って行くのをやめましょう。なぜなら(それは)とても高価だからです。
（ not / this / at / very / let's / for / don't / take / expensive / camera / it / because / is / from ）.

(8) 会議に遅れないでください。
（ be / the / don't / meeting / at / for / in / please / late / from ）.

(9) 明日早く起きて、さもないと(あなたは)あなたの電車を逃すでしょう。
（ up / you / for / get / or / train / going / will / in / early / , / tomorrow / your / miss ）.

(10) 次の角を右に曲がって2ブロック真っ直ぐ行って。
（ blocks / the / a / right / at / two / turn / for / straight / corner / go / next / and / in ）.

[解答] (6) Be nice to other people. (7) Let's not take this camera because it is very expensive. (8) Please don't be late for the meeting. (9) Get up early tomorrow, or you will miss your train. (10) Turn right at the next corner and go straight for two blocks. 【問題解説】 (6) 〜に優しく＝nice to 〜 (10) 「次の角」は、基本的に何の次なのか限定されているため the next corner となる。「角を」という場合、前置詞は at。

(11) あなたたちの先生たちの言うことを聞いて。悪い生徒たちでいないで。

(12) これらの箱を２階に持って行ってください。

(13) あのポスターを一緒に作りましょう。

(14) 手を洗って、あなたがあれらのお菓子を食べる前に。

(15) あなたの名前を日本語で書かないで。

> [解答] (11) Listen to your teachers. Don't（Do not）be bad students. (12) Please take these boxes to the second floor.（Take these boxes to the second floor, please.）(13) Let's make that poster together. (14) Wash your hands before you eat those snacks. (15) Don't（Do not）write your name in Japanese.【問題解説】(14)「手を洗う」と言う場合、基本的に両手となるので hands と複数形になる。(15) 〜語で＝in 〜

動名詞 & to 不定詞

　動名詞とは動詞 ing の形で「〜すること」と主に訳される形です（動詞を名詞の形で使う）。また、to 不定詞とは「to ＋動詞の原形」で名詞的用法、形容詞的用法、副詞的用法の３つに使い分けがされ、名詞的用法では（動名詞のように）「〜すること」（ただし前置詞のあとは動名詞のみ）、形容詞的用法は「名詞＋ to 不定詞」の形で「〜すべき」「〜しなくてはならない」、副詞的用法は文の後半の方に足され「〜するために」と訳されます。

穴埋め問題

(1) サッカーをするのは楽しいですが、サッカーの試合を見るのは退屈です。

（　　　）（　　　）（　　　）fun, but（　　　）（　　　）games（　　　）
（　　　）.

(2) 私はラッキーです。なぜなら、私はあまりたくさんのするべき宿題が今日はないからです。

（　　　）（　　　）（　　　）I do not（　　　）（　　　）homework（　　　）
（　　　）（　　　）.

(3) 彼は貧しかったので、彼は高校を卒業した後で働き始めることを決めました。

He（　　　）（　　　）,（　　　）he（　　　）（　　　）（　　　）（　　　）after
he graduated（　　　）（　　　）（　　　）.

(4) 私は、私の成績について話すために野田先生のオフィスに行きました。

I（　　　）（　　　）Ms. Noda's（　　　）（　　　）talk（　　　）（　　　）
grade.

(5) 私の妻は、英語を練習するのが好きですが、留学（外国で勉強すること）には興味がありません。

（　　　）（　　　）（　　　）（　　　）（　　　）English, but she（　　　）not
（　　　）（　　　）（　　　）abroad.

(6) 新しい友人たちを作るのは私には簡単ではありませんでした。

(   ) (   ) new (   ) (   ) not (   ) for (   ).

(7) 喫煙を辞めて。なぜなら、あなたの健康に良くないから。

(   ) (   ) because it (   ) (   ) good (   ) your (   ).

(8) 私の車は古いので、私は新しいのをすぐに買えることを望みます。

My (   ) (   ) (   ), so I (   ) (   ) (   ) (   )

(   ) one (   ).

[解答] (1) Playing / soccer / is / watching / soccer / is / boring (2) I'm / lucky / because / have / much / to / do / today (3) was / poor / so / decided / to / start (begin) / working / from / high / school (4) went / to / office / to / about / my (5) My / wife / likes / to / practice / is / interested / in / studying (6) To / make / friends / was / easy / for / me (7) Quit / smoking / is / not / for / health (8) car / is / old / hope / to / buy / a / new / soon 【問題解説】 (2) homework to do は、to 不定詞の形容詞的用法。(3) decide の目的語は to 不定詞。続く start / begin は、目的語に動名詞と to 不定詞の両方とも使えるが、( ) の数の都合上、動名詞。「～を卒業する＝graduate from ～」(4) to talk about ～ は、to 不定詞の副詞的用法。(5)「～に興味がある＝be interested in ～」「abroad＝外国で（副詞）」(6) to make new friends が 1 つの名詞で it と同じ扱いなので be 動詞は was となる。

ポイント！目的語になる「動名詞」&「to 不定詞」

目的語が……

「動名詞」になる動詞
finish　stop
enjoy　give up
practice　quit

「動名詞」
「to 不定詞」
両方とも OK な動詞
begin　start
*like　continue
learn

「to 不定詞」になる動詞
hope　plan
*want　decide
promise　*need
learn

* すでに練習で登場している like to 〜 / need to 〜 /want to 〜 の形は、厳密には「to 不定詞」の目的語をとっている形。

目的語に「動名詞」「to 不定詞」のどちらも OK だが意味が異なる場合もある（例：remember / forget / try など）。

remember 〜 ing：〜したのを覚えている / 〜したのを思いだす

　〈例〉I remember asking this question.
　　　（私はこの質問をしたのを覚えています）

remember to 〜：〜することを覚えておく / 忘れずに〜する

　〈例〉I need to remember to ask this question.
　　　（私はこの質問をするのを覚えておく必要があります）

並び替え問題：不要な単語もあるので注意

(9)　彼女は新しいシステムを説明し始めました。

　　　(started / explaining / to / in / she / the / at / system / new / for).

(10) あなたは、それを再びしないことを約束する必要があります。

　　　(need / do / needing / it / you / to / promising / again / soon / not / promise / to / for).

(11) あなたはいつあなたのエッセイを書き終えたのですか。

(did / you / finish / were / write / when / your / writing / to / essay / in)?

(12) 日本の文化を勉強することはとても興味深いです。

(culture / to / is / Japanese / interest / interesting / studying / Japan / very).

(13) あなたは昨日木村さんにメールを送るのを忘れたのですか。

(Mr. Kimura / you / for / did / to / forgot / e-mail / an / do / to / a / forget / send / yesterday / on)?

(14) 彼女はこれらの質問に答えようとしていましたが、（それらは）難しすぎました。

(was / difficult / answer / she / these / to / trying / but / questions / were / they / , / the / too).

(15) 彼はテレビゲームをするのをやめ、彼の宿題をし始めました。

(beginned / playing / homework / he / to / play / his / video / doing / stopped / and / games / began).

[解答] (9) She started explaining the new system. (10) You need to promise not to do it again. (11) When did you finish writing your essay? (12) Studying Japanese culture is very interesting. (13) Did you forget to send an e-mail to Mr. Kimura yesterday? (14) She was trying to answer these questions, but they were too difficult. (15) He stopped playing video games and began doing his homework. 【問題解説】(10) to 不定詞を使って「〜しないこと」という場合、not to 〜 となる。(15)「stop 〜ing ＝ 〜するのをやめる」「stop to 〜 ＝ 〜するためにとまる」

英作文：なるべく動名詞 & to 不定詞を使って答えましょう

(16) 彼女は、タカシとテレビを見ることを楽しみました。

(17) あなたは何か飲み物（飲むための何か）が欲しいですか。

(18) あなたは明日ミホに電話するのを覚えておく必要があります。

(19) 私たちは先月千葉に行くことを計画しました。

(20) 私は、新しいジャケットを買うためにあのデパートに行きたいです。

[解答] (16) She enjoyed watching TV with Takashi. (17) Do you want something to drink? (18) You need to remember to call Miho tomorrow. (19) We planned to go to Chiba last month. (20) I want to go to that department store to buy a new jacket. 【問題解説】 (17) something to drink は、to 不定詞の形容詞適用法。(20) to buy a new jacket は、to 不定詞の副詞的用法。

can 以外の助動詞

今回主に登場する助動詞は may / must / should / could / shall なのですが、助動詞のような働きをする have to についても学んでいきます。

穴埋め問題

(1) 彼女はこれを明日までに読み終わらせないといけません。
She (　　) (　　) (　　) (　　) this (　　) tomorrow.

(2) あなたはあの授業を取るべきです。なぜなら、それは興味深いからです。
You (　　) (　　) (　　) class (　　) (　　) (　　).

(3) 私は彼女の質問に答えることができなかったので、私はザックに尋ねました。
I (　　) (　　) (　　) (　　) question, (　　) (　　) (　　) Zack.

(4) あなたは、今日あなたのエッセイを岡田先生に渡さないでもよいです。
You (　　) (　　) (　　) give (　　) essay (　　) Ms. Okada (　　).

(5) 彼はフランス語を教えたいかもしれません。私は彼に尋ねないといけません。
He (　　) (　　) (　　) (　　) French. (　　) (　　) (　　) (　　).

(6) 彼は 10km を 40 分で走ることができました。
He (　　) (　　) 10km (　　) 40 (　　).

[解答]（1）has / to / finish / reading / by（2）should / take / that / because / it's / interesting（3）could / not / answer / her / so / I / asked（4）don't / have / to / your / to / today（5）may / want / to / teach / I / must / ask / him（6）could / run / in / minutes《全体の説明》「may ～ ＝ ～してもよい / ～かもしれない」「May I ～ ＝ ～してもいいですか(Can I ～? の丁寧な言い方)」「have to ～ ＝ ～しなくてはいけない」「don't have to ～ ＝ ～しなくても良い」「must ＝ ～しなくてはいけない / ～に違いない」「must not ～ ＝ ～してはいけない」「should ～ ＝ ～するべき」「could ～ ＝ ～できた」「Could you ～? ＝ ～していただけますか(Can you ～? の丁寧な言い方)」「Shall ～? ＝ ～しましょうか」【問題解説】（1）finish の目的語に動名詞はとれるが to 不定詞はとれない。「～までに ＝ by ～」（6）～(時間)で ＝ in ～

並び替え問題：不要な単語もあるので注意

（7）手伝っていただけますか。私はこれらのパソコンを３階に持って行かないといけません。
（ I / must / help / have / me / you / at / may / could / shall / in ）?
（ these / have / on / those / may / computers / for / third / take / the / could / to / shall / at / I / floor / to).

（8）彼らはあの歌を歌うことを練習しないといけません。
（ in / must / they / have / song / may / that / singing / could / shall / practice).

（9）窓を開けましょうか。— はい、お願いします。
（ the / must / open / have / may / you / could / window / shall / I)?
– (, / open / yes / please / do / I).

（10）あなたは、このラケットを買うべきではないです。なぜなら、（それは）高すぎるからです。
（ is / not / too / in / you / expensive / racket / should / must / this / at / because / have / may / could / for / buy / shall / it / cheap).

(11) あなたの祖父は4つの言語を話すことができたのですか。— はい、そうです。

（ grandfather / at / speak / must / four / have / you / languages / your / may / could / for / shall / to ）? – (must / he / should / may / yes / , / could / shall).

(12) あなたの車をこの午後使ってもよろしいでしょうか。— もちろんです。

（ I / you / must / your / have / for / use / may / car / at / could / afternoon / shall / this / that ）? – (of / please / I / off / course / ,).

[解答] (7) **Could you help me? I have to take these computers to the third floor.** (8) **They must practice singing that song.** (9) **Shall I open the window? – Yes, please.** (10) **You should not buy this racket because it is too expensive.** (11) **Could your grandfather speak four languages? – Yes (, he could).** (12) **May I use your car this afternoon? – Of course.** 【問題解説】 (7) どこの建物の3階か限定されているため the third floor となる。 (9) Shall ~? で尋ねているので do では答えない。

英作文

(13) 彼はこのチケットを買わないでよかったです。

(14) 彼女はあそこに座ってはいけません。なぜなら(それは)彼女の席ではないからです。

(15) なぜ私はバスで駅に行くべきなのですか。

(16) 彼女はクラシック音楽が好きなので、彼女はコンサートを気に入るかもしれません。

(17) 私たちは彼をパーティーに招待するべきです。

(18) 私はスタジアムのそばに私の車をとめることができませんでした。

(19) 彼は 9:00 から 5:00 まで働かないといけません。

(20) 私は今ギターを練習することを止めるべきなのですか。— はい、そうです。

[解答] (13) He did not (didn't) have to buy this ticket. (14) She must not (mustn't) sit there because it is not (it's not / it isn't) her seat. (15) Why should I go to the station by bus? (16) She likes classical music, so she may like the concert. (17) We should invite him to the party. (18) I could not (couldn't) park my car by the stadium. (19) He has to (must) work from 9:00 to 5:00. (20) Should I stop practicing the guitar now? – Yes (, you should).

【問題解説】(16) concert は、限定されている（彼女が行く予定のコンサートなど）と推測できるため the がつく。(17) party は、限定されている（私たちが行うパーティーなど）と推測できるため the がつく。(18) stadium は、限定されている（私が今いるスタジアムなど）と推測できるため the がつく。(19) stop to practice は「弾くために止まる」という意味になるので ×。

be の使い方

be とは be 動詞の原形で「助動詞 + be」「want to + be」のように be 動詞の文や進行形の文に「助動詞」や「to 不定詞」を足したい時に使われます。また being（動名詞）は「〜 であること / いること」という意味として使われます。

穴埋め問題

(1) 私は、将来英語の先生になりたいです。

I (   ) (   ) (   ) (   ) English (   ) (   ) (   )
(   ).

(2) あなたはここで何をしているのですか。あなたはあなたの教室にいる必要があります。

(   ) (   ) you (   ) (   )? You (   ) (   ) (   )
(   ) your (   ).

(3) 良い生徒でいてくれてありがとう。

Thank (   ) (   ) (   ) (   ) good (   ).

(4) 私はケンを駅で見ました。— 本当？それはありえないです。なぜなら、彼は昨日オーストラリアに行ったからです。

(   ) (   ) Ken (   ) (   ) (   ). – Really? That can't
(   ) right (   ) (   ) (   ) (   ) (   ) (   ).

(5) 彼は誰ですか。— 彼は私たちの新しい先生に違いありません。

(   ) (   ) (   )? – He (   ) (   ) (   ) (   ) (   ).

[解答] (1) want / to / be（become）/ an / teacher / in / the / future (2) What / are / doing / here / need / to / be / in / classroom (3) you / for / being / a / student (4) I / saw / at（in）/ the / station – / be / because / he / went / to / Australia / yesterday (5) Who / is / he – must / be / our / new / teacher【問題解説】(1) 将来 = in the future (4) 駅の中を意味するなら at の代わりに in も使える。

並び替え問題：不要な単語もあるので注意

(6) 彼はいつ医者になることを決めたのですか。

(be / being / decide / a / to / doctor / becoming / when / he / was / did)?

(7) 彼女は大阪に２軒家を持っています。— 彼女は金持ちに違いありません。

(haves / Osaka / to / two / has / in / be / houses / she / have / at).

– (in / can / must / she / has / be / rich / should / for).

(8) 私は私の部屋で勉強をしているでしょうから、うるさくしないで。

(be / will / in / I / being / be / don't / room / so / studying / my / at / , / noisy).

(9) 良いお父さんでいることは簡単ではありません。

(easy / to / father / being / in / should / of / good / must / have / is / not / a).

(10) 彼女は私たちの猫の面倒を見ることができるかもしれません。

(to / may / take / our / be / look / care / able / cat / she / for / being / after / in).

[解答] (6) When did he decide to be a doctor? (7) She has two houses in Osaka. – She must be rich. (8) I will be studying in my room, so don't be noisy. (9) Being a good father is not easy. (10) She may be able to look after our cat.【問題解説】(10) can 以外で「できる」を表す表現として be able to ～ がある（助動詞や to 不定詞の後など can が使えない時によく使われる）。「～の世話をする = look after ～ / take care of ～」

英作文

(11) 彼は、あなたにプロの歌手になってもらいたいと思っています。

(12) 私はこの午後私のオフィスにいる必要があります。

(13) 彼女はテストの前に彼女のスマートフォンを使わないことを決めました。

(14) あなたはこれらの質問を答えられなくても大丈夫です。

(15) 彼は、（彼の）部屋でテレビを見ているに違いない。

[解答]（11）He wants you to be（become）a professional singer.（12）I need to be in my office this afternoon.（13）She decided not to use her smartphone before the test.（14）You do not（don't）have to be able to answer these questions.（15）He must be watching TV in his room. 【問題解説】（11）○○に〜してもらいたい =want ○○ to 〜（14）have to can とは言えないので、have to be able to という形になる。

穴埋め問題

（1）私は、ドイツの歴史について習うためにあの本を買うつもりです。

I （　　　）（　　　）（　　　）（　　　） that book （　　　） learn （　　　）
（　　　）（　　　）.

（2）あなたは日本食と中華料理のどちらを食べたいですか。

（　　　） do you （　　　）（　　　） eat, （　　　）（　　　）（　　　）（　　　）
food?

（3）この手紙をマイクに送ることを覚えておいてください。

（　　　）（　　　）（　　　） this （　　　）（　　　） Mike, （　　　）.

（4）私たちは体育館に行きバスケットボールをするのを楽しみました。

We （　　　）（　　　） the （　　　） and （　　　）（　　　） basketball.

（5）あの花はなんて美しいのでしょう！あなたは、どこでそれを手に入れたのですか。

（　　　）（　　　）（　　　）（　　　）（　　　）! （　　　）（　　　） you （　　　）
（　　　）?

（6）あなたはあなたの祖父母を毎年訪ねるべきです。

You （　　　）（　　　） your （　　　）（　　　）（　　　）.

（7）あなたは何枚の DVD を先週末買ったのですか。― 私は 5 枚の DVD を買いました。

（　　　）（　　　）（　　　）（　　　） you （　　　）（　　　）（　　　）? – I （　　　）
five （　　　）.

(8) 熱心に勉強して、そうすればあなたはテストに合格できるでしょう。

(   ) (   ), (   ) you will (   ) (   ) (   ) (   )

(   ) test.

(9) 私の父はプロのサッカー選手でした。― 本当ですか。彼はどれくらい速く走ることができたのですか。

My father (   ) (   ) professional (   ) (   ). – Really?

(   ) (   ) (   ) he (   )?

(10) 私は良いピアニストを探しています。― サナはどうですか。

(   ) (   ) (   ) (   ) (   ) good (   ). – How (   )

Sana?

【解答】(1) am / going / to / buy / to / about / German / history (2) Which /
want / to / Japanese / food / or / Chinese (3) Remember / to / send / letter /
to / please (4) went / to / gym / enjoyed / playing (5) How / beautiful / that /
flower / is / Where / did / get / it (6) should / visit / grandparents / every /
year (7) How / many / DVDs / did / buy / last / weekend – bought / DVDs
(8) Study / hard / and / be / able / to / pass / the (9) was / a / soccer / player –
How / fast / could / run (10) I / am / looking / for / a / pianist – about
【問題解説】(1) to learn ~ は to 不定詞の副詞的用法。(3)「Remember to ~ = ~す
ることを覚えておく」「Remember ~ing = ~したことを覚えている」(5) 感嘆文の
How ~! (8)「命令文 , and ~. = 命令文、そうすれば~」(10) ~を探す = look for ~

並び替え問題：不要な単語もあるので注意

(11) あなたは何時に図書館から帰ってくる予定ですか。

(in / back / time / from / come / the / go / going / hour / coming /
library / to / you / what / are / at)?

(12) 私はフランスで日本語の先生になることを 10 年前に決めました。

(decided / I / to / be / teacher / for / am / France / a / in / ago /
years / Japanese / 10 / being / deciding / French).

(13) あなたは何の動物が好きですか。— 私は猫が好きです。なぜなら(それ
らは)可愛いからです。
(animal / what / like / do / are / to / why / you / in / be / liking)?
– (they / like / I / cats / a / because / are / cat / it / cute).

(14) 私の父は明日ゴルフをしないつもりです。
(father / have / my / not / play / has / he / on / will / going /
tomorrow / , / golf / at).

(15) 私は寝ようとしているので、静かにして。
(you / am / I / quiet / to / at / be / in / trying / , / sleeping / sleep /
so / are / for / being).

(16) 吉田先生と英語の勉強をするのは楽しいです。なぜなら、彼女は面白い
からです。
(she / about / study / for / Ms. Yoshida / is / funny / because / fun
/ is / studying / with / does / English).

(17) 彼はいつピアノを弾き始めたのですか。
(starting / he / play / start / when / did / piano / playing / the)?

(18) 私は、今週は時間がないでしょう。なぜなら、私はしないといけないこ
とがたくさんあるからです。
(for / have / week / to / I / many / time / this / willn't / have /
today / won't / because / I / things / do).

(19) ユウトはとても賢いので、彼はこの問題を解決できるかもしれません。
(may / this / is / be / problem / Yuto / should / shall / can / very /
able / he / to / so / smart / , / solve / answer).

(20) 彼女はなんて優しい先生なのでしょう！私は、彼女のようになりたいです。
(a / what / do / are / teacher / is / she / you / nice / how)! – (for / to / like / want / I / be / her / is / am).

［解答］ (11) What time are you going to come back from the library? (12) I decided to be a Japanese teacher in France 10 years ago. (13) What animal do you like? – I like cats because they are cute. (14) My father will not play golf tomorrow. (15) I am trying to sleep, so be quiet. (16) Studying English with Ms. Yoshida is fun because she is funny. (17) When did he start playing the piano? (18) I won't have time this week because I have many things to do. (19) Yuto is very smart, so he may be able to solve this problem. (20) What a nice teacher she is! I want to be like her. **【問題解説】** (13) 2 文目の cat は 1 匹の猫ではなく一般的な猫（複数）を指しているので、cats と複数形になる。(15)「try ～ing ＝ 試しに～してみる」(18) to do は、to 不定詞の形容詞的用法。(19) may can と 2 つの助動詞をつなげることはできない。「answer ＝ 答える」

英作文

(21) あなたはどれくらい頻繁にジムに行くのですか。

(22) 私は、私の朝食を作っていません。

(23) 彼は、昼食に 3 つのハンバーガーを食べました。私は信じられませんでした。

(24) あのテーブルはいくらですか。— それは 10,000 円です。

(25) 彼女はあの本を金曜日までに読み終わらせないといけませんでした。

(26) あなたはあの授業を取ることに興味があるのですか。— はい、あります。

(27) あなたはあの箱を開けてはいけません。
— 何がその中に入っているのですか。

(28) 私たちの電車は駅を 6:00 に出発する予定なので、遅れないで。

(29) あなたは誰の教科書を使っているのですか。— 私は私のを使っています。

(30) あれは、なんてワクワクする本なのでしょう！誰が(それを)書いたのですか。

【解答】(21) How often do you go to the gym? (22) I am (I'm) not making my breakfast. (23) He ate (had) three hamburgers for lunch. I could not (couldn't) believe it. (24) How much is that table? – It is (It's) 10,000 yen. (25) She had to finish reading that book by Friday. (26) Are you interested in taking that class? – Yes(, I am). (27) You must not (mustn't) open that box. – What is in it? (28) Our train will (is going to) leave the station at 6:00, so don't (do not) be late. (29) Whose textbook are you using? – I am (I'm) using mine. (30) What an exciting book that is! Who wrote it?

【問題解説】(21) gym は「いつも行くジム」と限定されていることが推測できるため the がつく。(25) しないといけなかった(have to の過去形)= had to(基本的に must の過去形はない) (27) 2 文目は主語を尋ねる疑問文の形。(28) station は「私たちの電車が出発する駅」と限定されているため the がつく。

ここで主に登場する接続詞は、when / if / that となります。これらの接続詞も主に文と文をつなげる時に使われます。

穴埋め問題

(1)　彼女は彼が真実を伝えていると信じています。
　　　She (　　　) (　　　) he (　　　) (　　　) (　　　) (　　　).

(2)　もしあなたが空腹なら、(あなたは)これらのクッキーを食べてもいいです。
　　　(　　　) (　　　) (　　　) (　　　), you (　　　) eat (　　　) (　　　).

(3)　あなたはあの映画を見た時に泣きましたか。— いいえ。
　　　(　　　) (　　　) (　　　) (　　　) you (　　　) (　　　) (　　　)? – No,
　　　(　　　) (　　　).

(4)　彼は背が高いと私は思いますが、彼は速いとは私は思いません。
　　　I (　　　) (　　　) (　　　) tall, (　　　) I (　　　) (　　　) he (　　　) fast.

(5)　彼女は電車で帰る(家に行く)必要があるでしょう、もし彼女が車を持っていないなら。
　　　She (　　　) (　　　) (　　　) go (　　　) (　　　) (　　　) (　　　) she
　　　(　　　) (　　　) (　　　) car.

(6)　彼は私に電話するだろうと思います、彼が彼の宿題をするのを終わらせた時に。
　　　(　　　) (　　　) he (　　　) (　　　) me (　　　) he (　　　) (　　　)
　　　(　　　) homework.

【解答】(1) believes / that / is / telling / the / truth (2) If / you / are / hungry / can / these / cookies (3) Did / you / cry / when / saw（watched）/ that / movie – I / didn't (4) think / he / is / but / don't / think / is (5) will / need / to / home / by / train / if / doesn't / have / a (6) I / think / will / call / when / finishes / doing / his 《全体の説明》「When A, B. = A の時 B」「A when B. = A、B の時 / B の時 A」「If A, B. = もし A なら B」「A if B. = A、もし B なら / もし B なら A」「A that B. = B ということを A（例：I think that ～ .）[この that は省略可]」【問題解説】(1)「真実(truth)」は、1 つしかないため the truth となる。(6)「彼が宿題をするのを終わらせた時」と日本語では過去形になっているが、過去のことを話しているわけではないので過去形にはならない。

並び替え問題：不要な単語もあるので注意

(7) 彼らは良い野球選手だとあなたは思いますか。― はい、思います。
（ are / think / do / they / if / a / are / you / good / for / baseball / players / in ）? – (I / yes / , / do / they / are / you).

(8) あなたは私のパソコンを使うことができます、もし（あなたが）あなたのを持ってくるのを忘れたのであれば。
（ for / bring / when / take / use / to / you / forgot / my / you / can / yours / if / computer / in / bringing / taking).

(9) 鈴木さんが次の社長になるだろうということを彼らは発表するつもりです。
（ will / if / Ms. Suzuki / for / they / will / president / next / that / the / announce / be / at / when).

(10) あなたは何になりたかったですか、あなたが子供だった時。
（ did / children / what / little / want / a / if / in / be / were / you / for / you / to / when / child ）?

[解答] (7) Do you think they are good baseball players? – Yes, I do. (8) You can use my computer if you forgot to bring yours. (9) They will announce (that) Ms. Suzuki will be the next president. (10) What did you want to be when you were a child? 【問題解説】 (8)「forget to ～ ＝ ～するのを忘れる」「forget ～ing ＝ ～したことを忘れる」

英作文

(11) もし明日雨が降ったら、私を駅まで連れて行ってくれる？

(12) 彼が英語を話すのが得意なことを私は望みます。

(13) 私が若かった時、私はシンガポールに住みたかったです。

(14) もし彼女が学生なら、彼女はこの部屋を無料で使うことができます。

(15) 彼は健康的な食べ物を食べる必要があることを（彼は）理解しないといけません。

[解答] (11) If it rains tomorrow, can (will) you take me to the station? (Can (Will) you take me to the station if it rains tomorrow?) (12) I hope (that) he is (he's) good at speaking English. (13) When I was young, I wanted to live in Singapore. (I wanted to live in Singapore when I was young.) (14) If she is (she's) a student, she can use this room for free. (She can use this room for free if she is (she's) a student.) (15) He has to (must) understand (that) he needs to eat healthy food. 【問題解説】 (11) If ～ の部分が、未来のことであっても仮定の話なので基本的に現在形が使われる（通常 If it will rain ～ にはならない）(12) ～が得意 ＝ be good at ～

いる・ある

　「いる・ある」の基本の形は There + be 動詞 + 〜. で be 動詞によって「単数・複数」「現在・過去」を使い分けます（短縮形：There is → There's、There are → There're）。基本的に be 動詞の文と同じ扱いのため、否定文の際は There + be 動詞 not + 〜. で、疑問文は（疑問詞 +）be 動詞 + there 〜?（答える時は Yes, there + be 動詞 . / No, there + be 動詞 not.）となります。また助動詞が入る場合は、There + 助動詞 + be + 〜. の形になります。

穴埋め問題

(1)　私のクラスには何名かの韓国人の生徒がいます。

　　　(　　　) (　　　) (　　　) few (　　　) (　　　) (　　　) (　　　) (　　　).

(2)　たくさんの人たちがお祭りにいたのですか。― はい。

　　　(　　　) (　　　) (　　　) (　　　) at (　　　) (　　　)? – Yes, (　　　)
　　　(　　　).

(3)　私のコーヒーの中に砂糖は全く入っていません。

　　　(　　　) (　　　) (　　　) (　　　) sugar (　　　) (　　　) coffee.

(4)　十分な量の食べ物が全員分あるはずです。

　　　(　　　) (　　　) (　　　) enough (　　　) (　　　) everyone.

(5)　いくらか牛乳が冷蔵庫の中にあるのですか。― いいえ。

　　　(　　　) (　　　) (　　　) milk (　　　) (　　　) (　　　)? – No, (　　　)
　　　(　　　).

(6)　少しの水がボトルの中にあります。

　　　(　　　) (　　　) (　　　) (　　　) water (　　　) (　　　) (　　　).

(7)　この地域には駐車する場所が少ししかないのを覚えています。

　　　I (　　　) there (　　　) (　　　) places (　　　) (　　　) (　　　) (　　　)
　　　area.

ポイント！少しという意味の few / little / a few / a little の違い

表現	単語		例
「少し～しかない」 （「ない」を強調）	可　算	few	He has few pens. （彼は数本のペンしか持っていません）
	不可算	little	He has little water. （彼は少しの水しか持っていません）
「少し～ある」 （「ある」を強調）	可　算	a few	He has a few pens. （彼は数本ペンを持っています）
	不可算	a little	He has a little water. （彼は少し水を持っています）

*few / little の代わりに only a few / only a little が使われる場合も多い。

並び替え問題：不要な単語もあるので注意

(8) 棚に日本語の本は全くありませんでしたが、数冊英語の本は棚にありました。

(shelf / on / a / but / , / Japanese / English / there / shelf / there / was / books / the / any / on / the / weren't / few / were / little / books / are).

(9) 何枚のお皿がテーブルの上にあるのですか。

(many / there / table / much / is / few / how / the / little / plates / are / on / in)?

(10) この問題を解決する方法があるに違いないので、それについてこの午後話しましょう。

(a / afternoon / were / it / talk / so / few / a / be / way / there / must / to / little / this / problem / this / are / about / solve / , / let's).

(11) 私たちの市には良いイタリアンレストランが全くありません。

(do / not / a / our / were / have / few / we / any / little / Italian / are / restaurants / in / city / Italy / good).

(12) なんでこんなにもたくさんの木がこの公園にはあるのですか。

(park / a / this / were / in / few / there / little / trees / why / are / so / many / much)?

(13) 来週テストは全くないでしょうが、いくらか宿題はあるでしょう。

(, / any / homework / will / tests / are / weren't / next / be / few / there / some / won't / aren't / but / week / there / be / is / be / a).

(14) 私たちには2つの会議があり、それらの間に少しの時間があります。

(have / a / we / and / were / few / is / there / little / two / between / are / time / for / meetings / , / them).

[解答] (8) There weren't any Japanese books on the shelf, but there were a few English books on the shelf. (9) How many plates are there on the table? (10) There must be a way to solve this problem, so let's talk about it this afternoon. (11) We do not have any good Italian restaurants in our city. (12) Why are there so many trees in this park? (13) There won't be any tests next week, but there will be some homework. (14) We have two meetings, and there is a little time between them. 【問題解説】 (11) There + be 動詞 の形ではないので注意。 (13) homework は、不可算名詞なので a few は使えない。

英作文：なるべく there 〜 の形で答えましょう

(15) 私が若かった時、駅のそばに小さな公園がありました。

(16) 特別なイベントは、今週は全くありません。

(17) いくらか車の事故が昨日あったのですか。― いいえ、ありませんでした。

(18) 誰かが私のオフィスにいるに違いないです。

(19) 私の宿題を終わらせるのに十分な時間が私にはありました。

(20) あなたの学校(の中)には何名の英語の先生がいるのですか。

[解答] (15) When I was young, there was a small park by the station. (There was a small park by the station when I was young.) (16) There are not (There're not / There aren't) any special events this week. (17) Were there any car accidents yesterday? – No(, there weren't / there were not). (18) There must be someone (somebody) in my office. (19) There was enough time for me to finish my homework. (I had enough time to finish my homework.) (20) How many English teachers are there in your school? (How many English teachers does your school have?)

ここで主に学ぶ前置詞は、of / without / within / into / until (till) / behind / in front of となります。

穴埋め問題

(1) 私たちの教室の番号をあなたは覚えていますか。— いいえ。

( ) ( ) ( ) ( ) number ( ) ( ) ( )?
– No, ( ) ( ).

(2) 私たちはこのプロジェクトを彼らのサポート抜きで終わらせることはできないでしょう。

We ( ) not ( ) ( ) ( ) ( ) this ( ) ( )
( ) ( ).

(3) 彼女は部屋に歩いて入って行き、電気をつけました。

She walked ( ) ( ) room and ( ) ( ) ( ) light.

(4) 彼はスタジアムの前に彼の車をとめようとしました。

He ( ) ( ) ( ) his ( ) ( ) ( ) ( ) ( )
stadium.

(5) 彼らは24時間以内にメールをあなたに送るだろうと思います。

( ) ( ) they ( ) ( ) ( ) email ( ) you ( )
24 ( ).

(6) 大きな建物が図書館の後ろにあります。

( ) ( ) ( ) big ( ) ( ) ( ) ( ) ( ).

(7) 私はこのレポートを書き終えるまでオフィスを去ることができません。

I ( ) ( ) the ( ) ( ) I ( ) ( ) ( ) ( ) ( ).

[解答] (1) Do / you / remember / the / of / our / classroom – I / don't (2) will / be / able / to / finish / project / without / their / support (3) into / the / turned / on / the (4) tried / to / park / car / in / front / of / the (5) I / think / will / send / an / to / within / hours (6) There / is / a / building / behind / the / library (7) cannot（can't）/ leave / office / until（till）/ finish / writing / this / report
《全体の説明》「of ＝ 〜の／〜に属する」「without ＝ 〜なしに／〜なしで」「within ＝（距離・時間・範囲など）〜以内で（に・の）」「into ＝（内部に向かうように）〜の中に（へ・に向かって）」「until（till）＝ 〜まで／〜になるまで」「behind ＝ 〜の後ろに」「in front of ＝（場所を表して）〜前に」【問題解説】(3) room と light は限定されていること（彼女が入っていった部屋、その部屋の電気）が推測できるため、the がつく。「（電気などを）つける ＝ turn on」

並び替え問題：不要な単語もあるので注意

(8) あの山の名前は何ですか。

(is / name / what / without / within / into / until / front / of / behind / mountain / in / behind / that / the)?

(9) 私たちは水無しでは生きられないので、いくらか水を買いましょう。

(so /, / without / let's / of / front / water / cannot / behind / we / buy / into / of / until / within / live / water / in / some).

(10) 彼は彼のパソコンを（彼の）カバンの中に入れ仕事に行きました。

(his / without / went / of / and / front / his / work / behind / into / of / he / until / within / put / bag / to / computer).

(11) あのレストランは 7:00 まで朝食を出さないでしょう。

(serve / without / be / of / front / not / behind / breakfast / into / of / that / until / within / restaurant / in / 7:00 / will).

(12) たくさんの人たちが新しい建物の前にいました。

(people / new / without / there / much / of / front / were / behind / into / of / until / within / is / the / in / many / are / building).

(13) あなたはそこに 1 時間以内に行けるだろうと(あなたは)思いますか。

（ without / a / be / do / to / of / go / front / behind / into / of / you / until / you / an / within / there / think / will / able / hour ）?

(14) 4 人の子供たちが家の後ろでサッカーをしていました。

（ playing / without / of / the / children / front / behind / into / four / of / until / with-in / were / soccer / house / in ）.

[解答] (8) What is the name of the that mountain? (9) We cannot live without water, so let's buy some water. (10) He put his computer into his bag and went to work. (11) That restaurant will not serve breakfast until 7:00. (12) There were many people in front of the new building. (13) Do you think you will be able to go there within an hour? (14) Four children were playing soccer behind the house. 【問題解説】 (8) name は、「あの山の名前」と限定されているので the がつく。

英作文

(15) 私は部屋のサイズを知る必要があります。

(16) 私たちは彼女抜きで私たちの会議を始めるべきではありません。

(17) プールに飛び込まないで。(それは)危険です。

(18) 私たちは私たちの教室を去ることができません、私たちが(私たちの)宿題を終わらせるまでは。

(19) 古い本屋が駅の前にあります。

(20) このテストが長いことを私は知っていますが、あなたは 90 分以内に(それを)終わらせることができるはずです。

[解答] (15) I need to know the size of the room. (16) We should not (shouldn't) start (begin) our meeting without her. (17) Don't (Do not) jump into the pool. It is (It's) dangerous. (18) We cannot (can't) leave our classroom until (till) we finish our homework. (19) There is an old bookstore in front of the station. (20) I know (that) this test is long, but you should be able to finish it within 90 minutes. 【問題解説】 (15) size は「（その）部屋のサイズ」と限定されているので the がつく。

ここで登場する also / still / always / never などの頻度や時を表す副詞は、主に文の途中で使われます。be 動詞の肯定文では be 動詞の後、一般動詞の肯定文では一般動詞の前、助動詞の肯定文では助動詞の後にこれらの副詞が置かれるのがポイントです。

穴埋め問題

(1) ヒトミは科学の先生で、彼女の妹も科学の先生です。

Hitomi (　) (　) (　) (　), and (　) sister (　)
(　) (　) (　) teacher.

(2) 彼はたいてい先生の前に座りますが、彼は絶対に質問をしません。

He (　) (　) (　) (　) (　) the teacher, (　)
(　) (　) (　) questions.

(3) 私はすでにスーパーに行きいくらか食べ物を買いました。

I (　) (　) (　) the supermarket (　) (　) some
(　).

(4) もうすぐ 8:00 ですが、私たちはまだあのレストランに行くことができます。

(　) (　) (　) 8:00, but we (　) (　) (　) (　)
that restaurant.

(5) あなたは時々あなたの祖父母を訪ねるのですか。— はい。

(　) (　) (　) (　) your (　)? – Yes, (　) (　).

並び替え問題：頻度や時を表す副詞は文の途中で使う

(6) あなたの英語の教科書も明日持ってきてくれますか。

(also / may / almost / English / you / still / already / often / bring / sometimes / textbook / your / tomorrow / can / usually)?

(7) 私はしばしば夫を抜きに買い物に行きますが、それが問題だとは私は思いません。

(also / I / still / think / without / , / already / am / but / shopping / problem / always / a / often / my / it / sometimes / not / husband / do / never / I / go / is).

(8) 彼女は時々駅の後ろに彼女の車をとめます。

(also / in / almost / behind / parking / her / still / she / already / always / usually / often / of / the / sometimes / car / never / parks / station).

(9) あのお店の前にいつも何人かの人がいます。

(also / there / almost / that / little / is / front / still / already / always / usually / often / never / store / people / of / are / some / in).

(10) 私は仕事に二度と遅刻しないことを約束します。
（ late / also / for / I / almost / I / still / again / already / be / always / will / usually / often / of / sometimes / work / never / promise ）.

> ［解答］(6) Can you also bring your English textbook tomorrow? (7) I often go shopping without my husband, but I do not think it is a problem. (8) She sometimes parks her car behind the station. (9) There are always some people in front of that store. (10) I promise I will never be late for work again. 【問題解説】(10) 〜に遅刻する = be late for 〜

英作文：頻度や時を表す副詞は文の途中で使う

(11) あなたはたいていバスで学校に行くのですか。— はい。

(12) 彼女はしばしば彼女のパソコンを持ってくるのを忘れます。

(13) あなたはもうお腹が空いているのですか。

(14) 彼はもう少しで70歳ですが、彼はまだ毎週サッカーをします。

(15) あなたはチームワークの力（パワー）を絶対に忘れるべきではないです。

(16) なぜ彼女は時々あなたの車を使って仕事に行くのですか。

(17) ティムは上手に教えることができますが、私たちはいつも一緒に勉強するわけではありません。

(18) 彼はしばしば週末にジムに行くのですか。— はい。

(19) 彼女は彼女の部屋でまだ勉強しているのですか。—いいえ。

(20) 私はたいてい朝にコーヒーを飲みません。

［解答］（11）Do you usually go to school by bus? – Yes（, I do）. （12）She often forgets to bring her computer. （13）Are you already hungry? （14）He is almost 70（years old）, but（he）still plays soccer every week. （15）You should never forget the power of teamwork. （16）Why does she sometimes use your car to go to work? （17）Tim can teach well, but we do not（don't）always study together. （18）Does he often go to the gym on weekends? – Yes（, he does）. （19）Is she still studying in her room? – No（, she isn't（is not））. （20）I do not（don't）usually drink coffee in the morning.

CHECK! 25 英語の文型

　ここで学ぶのは英語の5つの文型についてです。第1～3文型は、もうすでに練習で何回も登場している形なのですが、第4～5文型は今回初めて登場する形となります。

選択問題：第1～5のどの文型になるか（　）に書きましょう

(1)　She is a doctor.　　　　　　　　　　第（　　　　　）文型

(2)　I run every morning.　　　　　　　　第（　　　　　）文型

(3)　He bought me a watch.　　　　　　　第（　　　　　）文型

(4)　We practice baseball on Wednesdays.　第（　　　　　）文型

(5)　You made her angry.　　　　　　　　第（　　　　　）文型

[解答]（1）**2**（2）**1**（3）**4**（4）**3**（5）**5**《全体の説明》「第1文型（S+V）【例】I run.」「第2文型（S+V＋C）【例】She looks young.」「第3文型（S+V＋O）【例】I like my job.」「第4文型（S+V＋O1＋O2）：SはO1にO2をVする（使われるVはshow / teach / buy など）【例】He showed me that picture.」「第5文型（S+V＋O＋C）：SはOをCにVする（使われるVはmake / call / keep など）O is Cの関係が成り立つ。【例】He made her happy.」

ポイント！第4文型（SVOO）と第5文型（SVOC）の見分け方

1.　She made me <u>that chair</u>.
2.　She made me <u>tired</u>.
第4, 5文型の判断は「O（me）」と「下線部の単語・フレーズ（that chair / tired）」が「O is 下線部の単語・フレーズ」となっていれば第5文型、逆に成り立たない場合は、第4文型となる。

並び替え問題：不要な単語もあるので注意

(6) 彼女はいつも私に彼女のノートを見せてくれます。

(note / in / she / notebook / her / always / me / never / often / shows / never / already).

(7) 彼の名前はケンイチロウなので、私たちは彼をケンと呼びます。

(him / name / you / Ken / call / his / we / for / Kenichiro / so / to / is / ,).

(8) 私はあの本を買いたいです。なぜなら(それは)とても興味深く見えるからです。

(want / I / buy / always / interestingly / book / very / like / it / looks / to / that / because / interesting / for).

(9) 私の息子は毎月私に手紙を書き、私は(それを)いつも楽しく読んでいます。

(always / sometimes / son / enjoy / of / my / I / me / and / letter / , / reading / month / writes / every / to / never / a / it / read).

(10) あなたは、あなたの話をシンプルに保たないといけません。理解しにくくしないで。

(simple / have / give / story / call / to / your / make / you / keep / for).

(make / isn't / it / don't / to / difficulty / aren't / difficult / understand).

[解答] (6) She always shows me her notebook. (7) His name is Kenichiro, so we call him Ken. (8) I want to buy that book because it looks very interesting. (9) My son writes me a letter every month, and I always enjoy reading it. (10) You have to keep your story simple. Don't make it difficult to understand. **【問題解説】** (9) enjoy は、動名詞を目的語に取る。

英作文：第 4 & 5 文型を使って答えましょう

(11) エミは私に日本語を教えてくれました、私が幼かった時。

(12) 私たちは犬を買い、（彼女を）モモと名づけました。

(13) 彼は真実を彼女に絶対に伝えませんでした。なぜなら、彼は彼女を信頼していなかったからです。

(14) 私はあなたにあのチケットを送る計画を立てていたのですが、私には時間がありませんでした。

(15) 私の夫があれらの花を私に買ってくれました。— それらはなんて美しいのでしょう！

［解答］（11）Emi taught me Japanese when I was little.（When I was little, Emi taught me Japanese.）（12）We bought a dog and named her Momo.（13）He never told her the truth because he did not（didn't）trust her.（14）I was planning to send you that ticket, but I did not（didn't）have time.（15）My husband bought me those flowers. – How beautiful they are!

比較

　比較級は「形容詞 er／副詞 er（形容詞／副詞が長い場合は、er を足さず "more 形容詞／副詞"）＋ than」の形で「○○より～」という意味になります。最上級は「the 形容詞 est／副詞 est（形容詞／副詞が長い場合は、est を足さず "the most 形容詞／副詞"）」の形で「△△の中で一番～」という意味になります。そして、原級比較は「as 形容詞／副詞 as」の形で「□□と同じぐらい～」という意味になります。

穴埋め問題

(1)　私のテレビはあなたのテレビよりも小さいですが、私は（それが）好きです。

My (　　　) (　　　) (　　　) (　　　) (　　　) (　　　), (　　　) I (　　　) (　　　).

(2)　彼女が彼女のグループで一番若いのですか。— はい。

(　　　) (　　　) (　　　) (　　　) (　　　) (　　　) (　　　)? – Yes, (　　　) (　　　).

(3)　エミは彼女のお兄さんと同じぐらい速く走ることができます。

Emi (　　　) (　　　) (　　　) (　　　) (　　　) (　　　) (　　　).

(4)　私の母は、たいてい私よりも早くに起床します。

(　　　) mother (　　　) (　　　) (　　　) (　　　) (　　　) (　　　) (　　　).

(5)　それはフランス語を勉強するのに最高の教科書だと私は思いますので、あなたは（それを）買うべきです。

(　　　) think it (　　　) (　　　) (　　　) (　　　) (　　　) (　　　) (　　　), so (　　　) (　　　) (　　　) it.

(6)　私たちのチームは、2 年前はあのチームよりも良かったです。

(　　　) (　　　) (　　　) (　　　) (　　　) (　　　) two (　　　) (　　　).

(7) あなたは病院に可能な限り早く行く必要があります。

You ( ) ( ) ( ) ( ) the ( ) ( ) ( )
( ) ( ).

(8) 私は彼がしたよりも勉強したのですが、私のテストの点数は彼のより悪かったです。

I ( ) ( ) ( ) ( ) ( ), ( ) my ( ) score
( ) ( ) ( ) ( ).

(9) どの映画が5本の中で最も興味深いのですか。

( ) ( ) ( ) ( ) ( ) ( ) ( ) ( ) five?

(10) あなたは彼女と同じ数の靴を持っているのですか。― いいえ。

( ) ( ) ( ) ( ) ( ) ( ) ( ) ( )
( )? – No, ( ) ( ).

[解答] (1) TV / is / smaller / than / your / TV / but / like / it (2) Is / she / the / youngest / in / her / group – she / is (3) can / run / as / fast（quickly）/ as / her / brother (4) My / usually / gets / up / earlier / than / I / do (5) I / is / the / best / textbook / to / study / French / you / should / buy (6) Our / team / was / better / than / that / team / years / ago (7) need / to / go / to / hospital / as / soon / as / possible (8) studied / more / than / he / did / but / test / was / worse / than / his (9) Which / movie / is / the / most / interesting / of / the (10) Do / you / have / as / many / shoes / as / she / does – I / don't 【問題解説】(2) 最上級で ~の中でという場合、in/of の2種類があり「1つのグループの中にいる」場合は in、「複数を表す語句の中にいる」という場合は of が使われる。(5) to study は、to 不定詞の形容詞的用法。最高＝the best(good の最上級) (6) より良い＝better(good の比較級) (7) 可能な限り早く＝as soon as possible (8) より悪い＝worse(bad の比較級) (9)「5本(複数を表す語)」なので、of (10) ~と同じ数の○○＝as many ○○ as ~

並び替え問題：不要な単語もあるので注意

(11) 私はあの道はこの道よりもはるかに広いと思います。

(road / as / I / that / wide / as / this / road / the / think / wider / much / widest / of / in / on / is / than).

(12) なぜあなたの車は彼の車よりも高額なのですか。

(does / why / your / as / of / car / expensive / the / than / expensiver / most / as / more / expensivest / is / in / car / his / my)?

(13) たくさんの部屋がこの階にはあり、あの部屋が全ての中で一番明るいです。

(floor / that / there / is / on / were / all / was / bright / as / rooms / the / many / than / most / as / are / more / and / this / of / brighter / room /at / brightest /,).

(14) 彼は大きくなってきています。なぜなら、彼はいつも彼のお父さんと同じぐらい食べるからです。

(he / biger / as / the / big / is / than / he / father / getting / eats / most / of / as / more / biggest / bigest / in / bigger / his / much / because / always).

(15) それが市で最低のレストランだとあなたが思っているのを私は信じられません。

(is / I / as / the / than / most / of / as / can't / you / of / city / more / in / think / believe / the / it / worst / badest / badly / restaurant / the).

(16) 彼は私よりもはるかに忙しいですが、彼は働くことを楽しんでいると思います。

(I / as / he / but / am / the / than / enjoys / is / think / busiest / most / busier / of / as / far / busy / working / more / to / work / in / I /, / he).

(17) 彼女は私たち全員の中で一番賢いです。なぜなら、彼女は私たちの2倍の数の本を読むからです。

(is / she / two / as / the / books / we / our / reads / than / smartest / most / smarter / of / as / because / smart / all / more / she / in / twice / us / many / do).

(18) 始発の電車は何時に駅を出発するのですか。

(early / train / what / leaves / earlier / as / the / time / than / does / most / of / as / more / in / station / earliest / the / leave)?

(19) 彼女があなたの生徒全員の中で一番背が高かったのですか。

(students / was / as / the / she / than / tall / all / most / tallest / taller / of / as / more / in / your)?

(20) あのサッカー選手は、本田さんと同じぐらい有名でした。

(famouser / was / that / he / soccer / but / as / famous / the / player / than / famousest / most / of / as / more / in / Mr. Honda).

[解答] (11) I think that road is much wider than this road. (12) Why is your car more expensive than his car? (13) There are many rooms on this floor, and that room is the brightest of all. (14) He is getting bigger because he always eats as much as his father. (15) I can't believe you think it is the worst restaurant in the city. (16) He is far busier than I (am), but I think he enjoys working. (17) She is the smartest of us all because she reads twice as many books as we (do). (18) What time does the earliest train leave the station? (19) Was she the tallest of all your students? (20) That soccer player was as famous as Mr. Honda. 【問題解説】(11) はるかに〜 = much / far 〜er (15) 最低 = the worst(bad の最上級)(16) enjoy の後は to 不定詞ではなく動名詞。(18) 始発の電車 = the earliest train

(21) あれは私たちの市で最高の高校です。

(22) このスマートフォンは、私のよりはるかに軽いです。

(23) あなたは可能な限りたくさんのお金を貯める必要があります。

(24) 世界で最も暑い国は何ですか。

(25) 彼はたいてい 6:00 に起床しますが、彼は明日更に早く起きる必要があります。

(26) 私は背が低いですが、ジムが私たち全員の中で一番背が低いです。

(27) これは 3 台の中で最も悪いバスです。なぜなら、（それは）古くて小さいからです。

(28) もしあなたが 2,000 円払ったら、あなたは（あなたが）好きなだけ食べることができます。

(29) メグは富士山が日本で一番高い山だと知りません。

(30) 私たちは、私たちができるだけ多くのサッカーボールを持っていくべきです。

【解答】(21) That is（That's）the best high school in our city. (22) This smartphone is much（far）lighter than mine. (23) You need to save as much money as possible. (24) What is the hottest country in the world? (25) He usually gets up at 6:00, but（he）needs to get up earlier tomorrow. (26) I am（I'm）short, but Jim is the shortest of us all. (27) This is the worst bus of the three because it is（it's）old and small. (28) If you pay 2,000 yen, you can eat as much as you like.（You can eat as much as you like if you pay 2,000 yen.）(29) Meg does not（doesn't）know（that）Mt. Fuji is the tallest（highest）mountain in Japan. (30) We should take as many soccer balls as we can.

【問題解説】(27) 最低 = the worst（bad の最上級）

ここでは比較級・最上級にする際に er/est を必要としない less / least や、one of the 最上級 といった比較の形を使ったフレーズなどを学んでいきます。

穴埋め問題

(1) これはお店で最も高くないパソコンだったので、私は（それを）買いました。

This was (   ) (   ) (   ) computer in (   ) store, (   ) (   ) (   ) (   ).

(2) 私はたいてい彼女よりも勉強するのですが、彼女の成績はいつも私のより良いです。

I (   ) (   ) (   ) (   ) (   ) (   ), but (   ) grades (   ) (   ) (   ) (   ) mine.

(3) 彼は背が高いわけではありませんが、彼よりも上手な選手は私たちのチームにはいません。

He (   ) (   ) (   ), (   ) (   ) (   ) (   ) on (   ) (   ) is (   ) (   ) he (   ).

(4) 私は銀行に行かないといけません。なぜなら、私が私の財布に持っているのは 1,000 円未満だからです。

I (   ) (   ) (   ) the (   ) (   ) I (   ) (   ) (   ) 1,000 (   ) (   ) (   ) (   ).

(5) あれはカナダで一番大きな湖の 1 つですか。— はい、そうです。

(   ) that (   ) (   ) (   ) (   ) (   ) (   ) Canada? – Yes, (   ) (   ).

[解答]（1) the / least / expensive / the / so / I / bought / it（2) usually / study / more / than / she / does / her / are / always / better / than（3) is / not / tall / but / no / other / player / our / team / better / than / is（4) must / go / to / bank / because / have / less / than / yen / in / my / wallet（5) Is / one / of / the / biggest（largest）/ lakes / in – it / is【問題解説】（1) the least 原級＝最も～でない（est をつけずに使う最上級。not を使わないが否定の意味を持つ）（2) more が動詞を説明する副詞として使われている。（3) No（other）○○＋比較級 than ～（○○＝単数形）＝～より・・・な○○はない（比較級を使って最上級を表す）（4) less 原級 than ～＝～ほど・・・でない（er をつけずに比較を表す。not を使わないが否定の意味が含まれ、not as ～ as とほぼ同じ意味となる）（5) one of the 最上級＋○○（○○＝複数形）＝最も～の１つ

ポイント！日本語にはあまりない「最も～の１つ」

日本語で「最も～」「最高の～」というと「１つしかない」という印象があるが、英語の場合「最高ランクのものの１つ」というイメージになる。

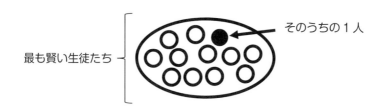

最も賢い生徒たち　　　　　　そのうちの１人

並び替え問題：不要な単語もあるので注意

(6) どの学校があなたの市で 2 番目に古いのですか。

(second / less / older / which / is / any / than / as / city / school / other / your / no / oldest / two / in / least / as / the)?

(7) それは 5 冊の中で最も人気のない本でしたが、私は好きでした。

(five / but / in / the / I / any / of / it / as / the / book / it / less / was / other / least / more / no / liked / popular / , / than / as).

(8) あのスパゲティは、あのレストラン(の中)の他のどのスパゲティよりも美味しいです。

(spaghetti / that / in / any / than / the / spaghetti / less / deliciouser / other / is / restaurant / delicious / least / other / the / more / no / most).

(9) 彼は 60 キロ未満の重さなので、彼はもっと食べる必要があると私は思います。

(, / weighs / in / more / than / I / any / to / he / the / he / 60 / less / other / least / no / kilograms / so / eat / think / needs).

(10) クリスと同じぐらいお金持ちの人はこの町にはいないです。

(rich / as / Chris / richer / other / no / in / is / as / person / town / less / this / least / richest).

[解答] (6) Which school is the second oldest in your city? (7) It was the least popular book of the five, but I liked it. (8) That spaghetti is more delicious than any other spaghetti in the restaurant. (9) He weighs less than 60 kilograms, so I think he needs to eat more. (10) No (other) person in this town is as rich as Chris. 【問題解説】(6) 2 番目に〜 = the second 最上級 (8) 比較級 than any other ○○(○○ = 単数形)= 他のどの○○よりも〜(比較級を使って最上級を表す)(9) weigh = 重さがある(一般動詞)(10) No (other) ○○ + as 〜 as (○○ = 単数形)= 〜と同じぐらい〜な○○はない(as 原形 as を使って最上級を表す)

(11) トモコよりも上手に踊れるダンサーは日本にはいません。

(12) 京都は日本で最も美しい場所の1つです。

(13) 彼女は彼女のクラスの他の生徒の誰より多くの言語を話します。

(14) 彼らは50人より多くの人をパーティーに誘いました。

(15) 世界で3番目に小さい国は何ですか。

[解答] (11) No (other) dancer in Japan can dance better than Tomoko. (12) Kyoto is one of the most beautiful places in Japan. (13) She speaks more languages than any other student in her class. (14) They invited more than 50 people to the party. (15) What is the third smallest country in the world?

受け身（受動態）

　受け身（受動態）とは主に「〜される」と訳される文で基本の形は「主語 + be 動詞 + 動詞の過去分詞（+ by 〜）」となります（過去分詞 = 過去形と同じもの、特別な形になるもの（不規則動詞）がある）。否定文・疑問文は be 動詞の文と同じ扱いで、助動詞 や to 不定詞（need to など）の形を足す場合は「主語 + 助動詞（動詞 to）+ be + 過去分詞（+ by 〜）」となります。また、be interested in 〜 / be worried about 〜 など、受け身の形だが「〜される」とはあまり訳されないフレーズもあります。

穴埋め問題

(1)　あの家は 1890 年に建てられました。（それは）私たちの市で最も古い建物の１つです。

　　　(　　　) (　　　) (　　　) (　　　) (　　　) 1890. It (　　　) (　　　)

　　　(　　　) (　　　) (　　　) (　　　) (　　　) city.

(2)　それらのチケットはオンラインで売られたのですか。— はい、そうです。

　　　(　　　) (　　　) (　　　) (　　　) online? – Yes, (　　　) (　　　).

(3)　これらの箱は重たい品を運ぶのにはたいてい使われません。

　　　(　　　) (　　　) (　　　) (　　　) (　　　) (　　　) to (　　　) (　　　)

　　　items.

(4)　この本は彼によって 20 年前に書かれました。

　　　(　　　) (　　　) (　　　) (　　　) (　　　) (　　　) 20 (　　　) (　　　).

(5)　彼女は一人でフランスに行きましたが、私は彼女のことを心配していません。

　　　She (　　　) (　　　) (　　　) by (　　　), but (　　　) not (　　　)

　　　(　　　) (　　　).

(6) なぜ彼は私たちに紹介されたのですか。— なぜなら、彼は私たちの新しい上司になるからです。

Why (　　) (　　) (　　) (　　) (　　)? – Because (　　) will

(　　) (　　) (　　) boss.

(7) あなたの部屋はお客さんたちが到着する前に掃除するべきです。

Your room (　　) (　　) (　　) up (　　) the guests (　　).

［解答］(1) That / house / was / built / in / is / one / of / the / oldest / buildings / in / our (2) Were / those / tickets / sold – they / were (3) These / boxes / are / not / usually / used / carry / heavy (4) This / book / was / written / by / him / years / ago (5) went / to / France / herself / I'm / worried / about / her (6) was / he / introduced / to / us – he / be（become）/ our / new (7) should / be / cleaned / before / arrive 【問題解説】(7) 掃除する＝clean（up）

ポイント！worry about 〜 と be worried about 〜 の違い

1. worry about 〜 : 〜のことを（常に）心配する
   〈例〉I worry about him because he is little.
   　　　（私は彼が心配です。なぜなら彼は小さいからです）

2. be worried about 〜: 〜のことを今心配している
   〈例〉I am worried about him because he forgot his textbook.
   　　　（私は彼が心配です。なぜなら彼は教科書を忘れたからです）

並び替え問題：不要な単語もあるので注意

(8) この宿題は金曜日までに終わっている必要があります。あなたは（それが）できると思いますか。

(was / Friday / finished / by / this / on / is / homework / be / finishen / needs / to / finishing). (you / it / do / done / do / is / you / think / are / can / are / you / did)?

(9) あれらの写真はいつ撮られたのですか。— それらは 2022 年に撮られました。

(those / are / photographs / taken / is / when / were / took / by / taked)? – (2022 / they / taked / in / was / taken / were / it / at / took / on).

(10) 彼女の服はいつも彼女の母親によって洗われます。

(her / clothes / always / her / in / mother / are / by / often / washed / washing / to / be).

(11) 私はニュースにとても驚きましたが、ケンタは違いました。

(difference / did / was / I / very / news / by / surprised / Kenta / but / the / , / wasn't / surprising / didn't / different).

(12) あのテーブルは重たいです。なぜなら、ガラスでできているからです。

(maked / in / table / glass / made / from / is / heavy / of / it / that / maken / because / is / heavier).

(13) これらの問題が会議の最中に議論されるだろうと私は思いません。

(meeting / do / I / am / thought / these / during / not / discussed / problems / be / think / will / the / discussing).

(14) 私たちの新しいスケジュールがマネージャーによって説明されています。

【ヒント：進行形の文】

(explained / at / our / by / be / schedule / being / manager / explaining / new / is / the / in).

(15) あの学校は日本にありますが、多くの授業は英語で指導されています。

(teaching / to / classes / on / for / school / are / in / taught / English / many / that / is / in / but / Japan / , / teached).

[解答] (8) This homework needs to be finished by Friday. Do you think you can do it? (9) When were those photographs taken? – They were taken in 2022. (10) Her clothes are always washed by her mother. (11) I was very surprised by the news, but Kenta wasn't. (12) That table is heavy because it is made of glass. (13) I do not think these problems will be discussed during the meeting. (14) Our new schedule is being explained by the manager. (15) That school is in Japan, but many classes are taught in English. 【問題解説】 (11) ～に驚く ＝ be surprised by (at) ～（カンマの後は Kenta was different なら可） (15) ～からできている ＝ be made from ～（原料が加工されて何からできているかわからない場合）～でできている ＝ be made of ～（原料が何かわかる場合）(14) 受け身の進行形（今現在行われていること）は 主語 ＋ be 動詞 ＋ being ＋ 過去分詞 となる。 (15) 英語で ＝ in English

---

英作文

(16) あなたは彼らのコンサートについてワクワクしていますか。

(17) あれらの質問は可能な限り早く答えられる必要があります。

(18) このジュースは新鮮な野菜からできているので、（それは）健康的です。

(19) 私は彼に失望しました。なぜなら彼が私に嘘をついたからです。

(20) あなたは中国の文化を習うことに興味があるのですか。

― はい、あります。

(21) この本は200万人より多くの人に読まれました。

(22) あのカバンは日本で作られたのですか。―いいえ、違います。

(23) これらの報告書（report）は英語で書かれるべきです。なぜなら、それらはオーストラリアに送られる予定だからです。

(24) このパンがお米からできているのが私は信じられません。

(25) 広島は毎年たくさんの人たちに訪問されています。

［解答］(16) Are you excited about their concert? (17) Those questions need to be answered as soon as possible. (18) This juice is made from fresh vegetables, so it is（it's）healthy. (19) I was disappointed in（with）him because he lied to me. (20) Are you interested in learning Chinese culture? – Yes（, I am）. (21) This book was read by more than two million people. (22) Was that bag made in Japan? – No（, it wasn't（was not））. (23) These reports should be written in English because they will（are going to）be sent to Australia. (24) I cannot（can't）believe（that）this bread is made from rice. (25) Hiroshima is visited by many（a lot of）people every year.

【問題解説】(18) ジュースは複数の野菜から作られていることが想像できるため、vegetables と複数形になる。

否定疑問文 &
使役動詞

　否定疑問文とは「〜ではないのですか」という疑問文で「驚き」「確認」を表すことができます。Don't ~? / Isn't ~? のように否定の形で文を始めますが、答える時は普通の疑問文と変わらない（肯定の答えなら Yes で否定なら No）のがポイントです。また、使役動詞とは主に「〜させる」という意味で使われる動詞で let（〜することを許す）/ make（無理やり〜させる）/ have（〜してもらう）などがあり、基本的な形は「使役動詞 + 目的語 + 動詞の原形」となります。

穴埋め問題

(1)　外は雨が降っていないのですか。— 降っています。

　　（　　　）（　　　）（　　　）（　　　）? – （　　　）, （　　　）（　　　）.

(2)　彼女たちは日本に昨日着いたのではないのですか。— 違います。彼女たちは先週着きました。

　　（　　　）（　　　）（　　　）（　　　）Japan （　　　）? – （　　　）, they
　　（　　　）. They （　　　）（　　　）（　　　）.

(3)　私のテストの点数はあなたのより悪かったです。なぜなら、私の先生は(私に)テストを終わらせさせてくれなかったからです。

　　My （　　　）score （　　　）（　　　）（　　　）（　　　）because （　　　）
　　（　　　）（　　　）not （　　　）（　　　）（　　　）the test.

(4)　私たちはこれらの箱を３階に持っていくはずなのではないですか。— (私たちは)そうです。

　　（　　　）（　　　）supposed （　　　）take （　　　）（　　　）（　　　）（　　　）
　　third （　　　）? – （　　　）, （　　　）（　　　）.

(5)　彼女はとても面白いです。彼女は、いつも私を笑わせます。

　　（　　　）very funny. She （　　　）（　　　）（　　　）（　　　）.

[解答] (1) Isn't / it / raining / outside / – Yes / it / is (2) Didn't / they / arrive / in / yesterday – No / didn't / arrived / last / week (3) test / was / worse / than / yours / my / teacher / did / let / me / finish (4) Aren't / we / supposed / to / these / boxes / to / the / floor – Yes / we / are (5) She's / always / makes / me / laugh 【問題解説】 (2) arrive in ～ ＝(国や市などに)到着する arrive at ～ ＝(駅や学校などに)到着する (4) be supposed to ～ ＝ ～することとなっている / ～するはず

並び替え問題：不要な単語もあるので注意

(6) あのテーブルは木でできていないのですか。— できています。
(that / isn't / made / of / wasn't / table / weren't / from / wood)?
– (yes / is / no / were / it / , / not / was).

(7) ナオミは、彼に毎日あの部屋を掃除してもらっています。
(doesn't / had / Naomi / has / his / that / letted / room / day / let / every / on / clean / him / cleans / her / have).

(8) 私はこの質問がわかりません。— なぜあなたの先生に尋ねないのですか。
(don't / I / this / didn't / am / understanding / not / wasn't / question / understand). – (you / at / not / don't / ask / why / teacher / your / didn't / wasn't / am)?

(9) 彼女はさびしかったので、彼女は私に彼女のお気に入りの映画を一緒に見させました。
(watch / let / was / movie / together / watched / letted / makes / does / , / she / me / lonely / made / I / so / she / favorite / her).

(10) 私たちは明日までにこの宿題を終わらせないといけないのではないですか。— そうです。
(homework / on / don't / to / we / by / doesn't / this / have / didn't / tomorrow / finish / to)? — (not / no / we / yes / , / do / does / did).

英作文

(11) 彼は彼のオフィスにいないのですか。— いません。

(12) あなたに質問をさせて。あなたは昨日どこにいましたか。

(13) あなたはミーティングの最中に我々の新しいプロジェクトを紹介していませんでしたか。

(14) 彼らはドイツ語を学ぶことに興味がないのですか。— あります。

(15) なぜあなたは、先週あなたの両親を訪ねなかったのですか。

間接疑問文とは疑問文が他の文に足される形で「疑問詞 ＋ 肯定文（what he likes など）」が使われるのが主な特徴です。また Yes/No で答えられる疑問文の場合は、if/whether が使われます。

穴埋め問題

(1) 彼女のお気に入りの食べ物は何なのかあなたは知っていますか。— いいえ、覚えていません。

( ) ( ) ( ) ( ) ( ) ( ) ( ) ( )? – No,
( ) ( ).

(2) 私たちに新しい先生が必要か、私たちは議論するべきです。

( ) ( ) discuss ( ) we ( ) ( ) ( ) ( ).

(3) 我々が毎日どれくらいの量の水を飲まないといけないか私は知りません。

( ) ( ) know ( ) ( ) ( ) we ( ) ( )
( ) ( ) ( ).

(4) 世界で3番目に大きいのはどの国なのか教えてくれますか。

Can ( ) tell ( ) which ( ) ( ) ( ) ( )
( ) ( ) ( ) ( )?

(5) 私は私のテストがどれくらい長くなるだろうかチェックさせていただきたいです。

I ( ) ( ) to ( ) ( ) ( ) my ( ) ( )
( ).

並び替え問題：不要な単語もあるので注意

(6) あなたはなぜ彼女があのテーブルを買ったのか覚えていますか。

(on / why / she / if / you / when / do / table / remembered / remember / buy / that / does / did / bought / who)?

(7) 私は彼女がスパイシーな食べ物が好きなのか知りたいです。

(to / I / whether / does / she / do / want / know / spicy / likes / food / is / knowing / like).

(8) 彼の父親がなぜ彼にリビングルームで（無理やり彼の）宿題をさせたのか彼は理解していません。

(homework / father / in / he / if / him / let / living / don't / do / the / why / made / isn't / his / understand / room / when / his / study / doesn't / his).

(9) 私は、毎日何人の人がオフィスに来るのか数えていません。

(the / do / every / to / people / at / am / not / come / whether / how / much / I / count / in / many / came / office / day).

(10) 彼女は昨日何が起こったのか説明できるだろうか。

(happened / did / does / if / yesterday / happen / what / explain / wonder / can / I / she / on / why / on).

[解答] (6) Do you remember why she bought that table? (7) I want to know whether she likes spicy food. (8) He doesn't understand why his father made him do his homework in the living room. (9) I do not count how many people come to the office every day. (10) I wonder if she can explain what happened yesterday. 【問題解説】(10) ～だろうか = I wonder if (whether) ～

英作文

(11) 彼女はあのカバンがどれくらい高かったのか、彼女の両親に伝える必要があります。

(12) あなたはどこにあなたの車をとめることができるか彼にたずねるべきです。

(13) 私たちにショーの前にあのスーパーに行くだけの十分な時間があるかあなたは知っていますか。

(14) 私は彼女の誕生日がいつなのか思い出すことができません。

(15) 彼らは、彼女がどれくらい頻繁に三重に行くか知らないです。

[解答] (11) She needs to tell her parents how expensive that bag was. (12) You should ask him where you can park your car. (13) Do you know if (whether) we have enough time to go to that supermarket before the show? (14) I cannot (can't) remember when her birthday is. (15) They do not (don't) know how often she goes to Mie.

穴埋め問題

(1) 彼は私たちと一緒にジムに行くのは好きではないのですか。― 好きです。

( ) ( ) ( ) ( ) go ( ) the ( ) ( ) ( )?
– ( ), ( ) ( ).

(2) 私たちはカレーライスを作るのに時々このお肉を買います。(それは)美味しく、他のどのお肉よりも安いです。

We ( ) ( ) ( ) meat ( ) ( ) curry and rice. It
( ) good ( ) ( ) ( ) ( ) ( ) ( ).

(3) 彼女は私よりも上手にサッカーをします。彼女は更に私たち全員の中で最も速く走ることができます。

She ( ) ( ) ( ) ( ) ( ) ( ). She ( )
( ) ( ) ( ) fastest ( ) ( ) ( ).

(4) 私たちがデパートに一緒に行った時に私の父がこの財布を私に買ってくれました。

My father ( ) ( ) ( ) ( ) ( ) we ( ) ( )
the ( ) ( ) ( ).

(5) これはお店で最も高いベッドの 1 つです。― いくらですか。

( ) ( ) ( ) ( ) ( ) ( ) ( ) ( ) in the
store. – ( ) ( ) ( ) it?

(6) この図書館と同じぐらい美しい図書館は私たちの市にはありません。

( ) ( ) ( ) ( ) our city is ( ) ( ) ( ) this
( ).

(7)　あの機械は日本で作られたのですが、去年オーストラリアに送られました。

That machine (　　) (　　) (　　) (　　), (　　) it (　　)
(　　) (　　) (　　) (　　) (　　).

(8)　あなたはいくつかの日本語の授業をとることに興味がありますか。— あります。

(　　) (　　) (　　) (　　) (　　) any (　　) classes? – (　　),
(　　) (　　).

(9)　私を一人にして。あなたは私がどのように感じているか理解していません。

(　　) (　　) alone. You (　　) understand (　　) (　　) (　　).

(10)　あの地域には何軒かスーパーがあるでしょうから、心配しないで。

(　　) will (　　) a (　　) (　　) (　　) (　　) area, (　　)
(　　) (　　).

[解答] (1) Doesn't / he / like / to / to / gym / with / us – Yes / he / does
(2) sometimes / buy / this / to / make / is / and / cheaper / than / any / other / meat (3) plays / soccer / better / than / I / do / can / also / run / the / of / us / all (4) bought / me / this / wallet / when / went / to / department / store / together (5) This / is / one / of / the / most / expensive / beds – How / much / is (6) No / other / library / in / as / beautiful / as / library (7) was / made / in / Japan / but / was / sent（shipped）/ to / Australia / last / year (8) Are / you / interested / in / taking / Japanese – Yes / I / am (9) Leave / me / don't / how / I / feel (10) There / be / few / supermarkets / in / that / so / don't / worry

(11) あの車が私のかどうか分かりません。

(how / car / what / do / my / mine / I / is / am / not / that / know / if).

(12) それは 2022 年で最も人気のある映画の 1 つでしたが、私はタイトルが何だったか思い出すことができません。

(can't / was / were / title / of / the / it / 2022 / one / but / in / , / movies / movie / remember / was / popular / what / the / when / more / most / I / populerest).

(13) あのレストランはしばしば特別なイベントに使われます。

(often / was / in / used / that / is / had / events / when / for / restaurant / special / how / at).

(14) どのテレビが 4 台の中で一番高くないですか。

(the / least / the / more / which / of / less / at / is / in / TV / four / expensive / for)?

(15) あれは巨大な家ですが、私たちはそれが誰の家だか知りません。

(a / bigger / that / where / know / is / how / don't / whose / is / house / I / huge / , / but / biggest / it / the / we / house).

(16) 公園にはたくさんの人たちがいました。なぜなら、日本で最も有名なロックバンドの 1 つがコンサートを行なっていたからです。

(famous / of / are / the / Japan / the / concert / because / having / one / park / many / at / there / band / were / in / people / rock / most / a / bands / were / was / working).

(17) 私はニュースにがっかりし、私の兄はとても驚いていました。
(surprising / was / I / very / disappoint / brother / my / surprised /
are / and / did / news / , / disappointed / the / did / was / at).

(18) あの家は彼の祖父によりデザインされ、彼の父によって建てられました。
(built / was / designed / and / his / that / designs / grandfather /
by / tower / his / builds / house / father / was / by).

(19) 私たちはバーベキューにどれだけの量のお米が必要になるだろうか見つ
け出さないといけません。
(the / are / need / to / find / will / much / out / we / rice / we /
rices / must / in / do / many / how / barbeque / for).

(20) 私はこのワインがブドウからできていないのが信じられません。
(what / is / cannot / wine / am / not / I / of / made / from / believe
/ this / grapes / how / at / why).

【解答】(11) I do not know if that car is mine. (12) It was one of the most popular movies in 2022, but I can't remember what the title was. (13) That restaurant is often used for special events. (14) Which TV is the least expensive of the four? (15) That is a huge house, but we don't know whose house it is. (16) There were many people at the park because one of the most famous rock bands in Japan was having a concert. (17) I was disappointed at the news, and my brother was very surprised. (18) That house was designed by his grandfather and built by his father. (19) We must find out how much rice we will need for the barbeque. (20) I cannot believe this wine is not made from grapes.
【問題解説】(19) 見つけ出す = find out (20) ～からできている = be made from ～

英作文

(21) 彼らはショーについてワクワクしていました。

(22) 私の部屋はあなたの部屋より暑いですが、私は（それが）好きです。

(23) この白いドレスは洗われる必要があります、（それが）返される前に。

(24) 彼女はあなたの2倍熱心に勉強します。

(25) 彼はまだ14歳なので、彼は運転することができません。

(26) あなたは鈴木先生（男性）が何歳か知らないのですか。― 知りません。

(27) あの学校よりもお金持ちの高校は日本にはありません。

(28) 彼が若かった時、彼は医者だったのではないのですか。― 医者でした。

(29) なぜあの授業がフランス語で教えられているのか私は理解していません。

(30) これらの椅子は、紙でできています。

[解答] (21) They were excited about the show. (22) My room is hotter than your room, but I like it. (23) This white dress needs to be washed before it is (it's) returned. (24) She studies twice as hard as you (do). (25) He is still 14 (years old), so he cannot (can't) drive. (26) Don't you know how old Mr. Suzuki is? – No(, I don't (do not)). (27) No (other) high school in Japan is richer than that school. (28) Wasn't he a doctor when he was young? – Yes(, he was). (29) I do not (don't) understand why that class is taught in French. (30) These chairs are made of paper.

時制とは、過去 / 現在 / 未来 のことを指し「I know / I think + 文」「間接疑問文」の文では、主節（I know などの部分）と従属節（I know などの後の文）の時制に注意しないといけません。具体的には、主節が「過去形」なら、従属節で「現在」のことを言う際、動詞は基本的に「過去形」になります。

穴埋め問題

(1) 彼女はバレーボールをするのが好きではないと私は思いました。
I ( ) that ( ) ( ) ( ) ( ) ( ) play ( ).

(2) 彼がなぜ時々窓のそばに座るのか私たちは理解していませんでした。
We ( ) ( ) ( ) why ( ) ( ) ( ) ( )
( ) window.

(3) 事故が起きたのは今朝だというのは確かですか。— はい。
( ) you sure ( ) the accident ( ) ( ) ( )? – Yes,
( ) ( ).

(4) 彼らはどの大学が日本の歴史を習うのに一番か議論していました。
( ) ( ) ( ) ( ) college ( ) ( ) ( ) ( )
learn ( ) ( ).

(5) あなたは、アメリカで物がどれだけ高いか見て驚くでしょう。
( ) ( ) ( ) ( ) to see ( ) ( ) things ( )
( ) the USA.

[解答] (1) thought / she / did / not / like / to / volleyball (2) did / not / understand / he / sometimes / sat / by / the (3) Are / that / happened (occurred) / this / morning – I / am (4) They / were / discussing / which / was / the / best / to / Japanese / history (5) You / will / be / surprised / how / expensive / are / in

ポイント！時制の一致を受けない例外

1. 不変の真理
   I knew the sun is a star. (太陽は星であることを知っていました)
   * 太陽は過去も今も「星である」という不変の真理。

2. 現在も続く状態や習慣
   I heard Hokkaido is big. (北海道は大きいと聞きました)
   * 今も北海道は大きい。

3. 歴史上の事実
   I learned Lincoln was a great leader.
   (リンカーンは素晴らしいリーダーだったと聞きました)

並び替え問題：不要な単語もあるので注意

(6) 彼女にたくさんの友だちがシンガポールにいるのを私は知りませんでした。
   (holds / many / did / of / friends / I / in / has / had / know / much
   / she / Singapore / held / not / from / was).

(7) 私は、プレゼンテーションの最中にどのパソコンを使うことができるの
   か尋ねました。
   (tried / presentation / asked / I / the / askked / computer / I /
   during / which / could / use / can / said / during / where).

(8) あなたの先生は、あなたがなぜ毎日学校に行かなくて良いのかあなたに
   説明しましたか。
   (do / didn't / teacher / have / day / explained / to / every / you /
   did / school / go / your / why / explain / was / to / on / in)?

(9) これが誰のジャケットか教えていただけますか。
   (teach / you / tell / that / which / did / jacket / is / could / was /
   me / whose / this)?

(10) 私たちはデパートが駅からどれくらい遠いのか知っていました。

（ knew / the / to / at / store / we / department / far / how / station / often / from / was / the / in ）.

[解答]（6) I did not know she had many friends in Singapore. (7) I asked which computer I could use during the presentation. (8) Did your teacher explain why you didn't have to go to school every day? (9) Could you tell me whose jacket this is? (10) We knew how far the department store was from the station.【問題解説】(9) この Could は can の過去形の could ではないので、時制の一致は考える必要はない。

英作文

(11) 彼女が誰かあなたは知らなかったのですか。— 知っていました。

(12) 彼女は彼女のテニスの練習が何時に始まるのか覚えていませんでした。

(13) 彼がなぜドアのそばに立っているのかあなたは彼に尋ねましたか。

(14) 彼は私たちの学校がどこにあるか知る必要があります。

(15) 彼女は日本の文化に興味がないと私たちは思いました。

[解答]（11) Didn't you know who she was? – Yes（, I did）. (12) She did not（didn't）remember what time her tennis practice started（began）. (13) Did you ask him why he was standing by the door? (14) He needs to know where our school is. (15) We thought（that）she was not（wasn't）interested in Japanese culture.【問題解説】(14) 現在形の文なので注意。

to 不定詞は「～で嬉しい（happy to ～）」「～にがっかりする（be disappointed to ～）」など感情の原因を表す時にも使えます。また疑問詞＋ to 不定詞（例：what to ～）で「～するか / ～するべきか（例：what to do ＝ 何をするか / 何をするべきか）」という意味を表すことができます。

穴埋め問題

(1) 彼女の誕生日に彼女に何をあげるべきか、私はわかりません。
（　　）（　　）know（　　）（　　）（　　）（　　）for（　　）
（　　）.

(2) 彼はコンサートが中止になったことを聞いてがっかりしています。
He（　　）（　　）（　　）（　　）that（　　）（　　）（　　）
（　　）.

(3) ミーティングの後にどこに行くべきか教えていただけますか。
Could（　　）（　　）（　　）where（　　）（　　）（　　）the
meeting?

(4) 私は良い車を見つけられて嬉しかったです。 ―（それが）いくらだったか
あなたは覚えていますか。
（　　）（　　）happy（　　）（　　）（　　）good（　　）. ‐（　　）
you（　　）（　　）（　　）（　　）（　　）?

(5) あなたはこの洗濯機の使い方を知らないのですか。 ― 知りません。
（　　）you know（　　）（　　）（　　）（　　）（　　）（　　）?
‐（　　）,（　　）（　　）.

［解答］(1) I / don't / what / to / give / her / her / birthday (2) is / disappointed / to / hear（learn）/ the / concert / was / cancelled (3) you / tell / me / to / go / after (4) I / was / to / find / a / car – Do / remember / how / much / it / was (5) Don't / how / to / use / this / washing / machine – No / I / don't

---

並び替え問題：不要な単語もあるので注意

(6) 彼女は、彼女のお気に入りのテレビ番組を逃したことをとても悲しみました。

（ to / thought / was / is / miss / she / which / show / so / TV / how / favorite / sad / her / what / in ）.

(7) 私はスティーブに電話をしました。なぜなら、誰をパーティーに呼ぶか私は決めることができなかったからです。

（ whose / to / called / the / when / I / I / party / Steve / invite / how / could / to / because / not / decide / whom / in ）.

(8) 私は彼が入試に合格したことを聞けて嬉しいです。

（ exam / am / hear / entrance / I / to / the / when / passed / glad / he / what / passing / listen ）.

(9) 誰も私に何をするべきか教えてくれなかったので、私はただ教室で座っていました。

（ , / told / so / in / do / sitting / nobody / just / the / what / was / me / to / I / classroom / telling ）.

(10) たくさん良い本があるので、どの本を読むか私には選べません。

（ so / I / are / that / reading / cannot / good / much / whose / choose / read / which / to / many / reading / books / , / book / there ）.

[解答]（6）She was so sad to miss her favorite TV show.（7）I called Steve because I could not decide whom to invite to the party.（8）I am glad to hear he passed the entrance exam.（9）Nobody told me what to do, so I was just sitting in the classroom.（10）There are many good books, so I cannot choose which book to read.【問題解説】（6）think sad とは言わないので thought は使えない。（8）「listen ＝（音楽など耳を傾けて）聴く」「入試 ＝ entrance exam」（9）ただ ＝ just

ポイント！whom とは

whom とは「誰を」という意味の疑問詞で、動詞の目的語を尋ねる時に使われる。
whom の代わりに who が使われることもある（whom の方が硬い）。
　〈例〉Whom（Who）should we ask?
　　　（私たちは誰に尋ねるべきですか）

英作文：to 不定詞を使うこと

（11）誰かこれをどこに持っていくのか知っていますか。

（12）彼はオーストラリアにいると私は思ったので、私はニュースを聞いて驚きました。

（13）彼女が今どれくらい綺麗なのかを見て彼らは驚くでしょう。

（14）私はどのようにギターを弾くのか習いたいです。

（15）私は夕食に何を作るか決められません。

[解答] (11) Does anyone (anybody) know where to take this? (12) I thought (that) he was in Australia, so I was surprised to hear (learn) the news. (13) They will (are going to) be surprised to see how beautiful she is now. (14) I want to (would like to) learn how to play the guitar. (15) I cannot (can't) decide what to make for dinner.

形式主語の it は「それ」とは訳さず "it △△ for ○○ to □□（○○にとって□□することは△△です）" や "it △△ of ◇◇ to □□（□□するなんて、◇◇は△△です）" だけでなく "it △△ (that) ～（～は、△△です）" といった形でよく使われます。これらの表現は、動名詞や to 不定詞で言い換えられることも多いです。

穴埋め問題

(1) あなたにとって毎日十分な睡眠を取ることは重要です。

（　　）（　　）important（　　）（　　）（　　）get enough（　　）
（　　）（　　）.

(2) 未来のためにお金を貯めるなんて、あなたの両親は賢いです。

（　　）（　　）smart（　　）（　　）（　　）（　　）save（　　）
（　　）（　　）（　　）.

(3) あなたが高校にいた時、あなたは働く必要があったのですか。

Was（　　）（　　）（　　）you（　　）（　　）when（　　）（　　）
（　　）high school?

(4) 私の車を建物の前に停めるのは不可能でした。— それなら、あなたはどこにあなたの車を停めたのですか。

（　　）（　　）（　　）（　　）front（　　）the（　　）（　　）
（　　）. – Where（　　）（　　）（　　）your（　　）then?

(5) 彼が大学で日本史を勉強することを選んだのは興味深いです。

（　　）（　　）（　　）that（　　）chose（　　）（　　）（　　）
（　　）in college.

［解答］(1) It / is / for / you / to / sleep / every / day (2) It / is / of / your / parents / to / money / for / the / future (3) it / necessary / for / to / work / you / were / in (4) Parking / my / car / in / of / building / was / impossible – did / you / park / car (5) It / is / interesting / he / to / study / Japanese / history【問題解説】(4) "it △△ for ○○ to □□" の形ではないので注意。

並び替え問題：不要な単語もあるので注意

(6) 良い父親になるのに何をするべきか説明するのは簡単ではないです。
(a / not / of / at / become / good / in / easy / to / father / it / is / to / explain / do / that / what / to / for / in).

(7) 部屋にいる全員にあなたの過ちを共有するなんてあなたは正直でした。
(room / mistake / that / at / for / was / of / in / your / it / everyone / you / share / honest / to / the / miss / with).

(8) 私の従兄弟たちが来週私の家を訪ねるのは、ワクワクすることです。
(at / cousins / my / next / for / visit / exciting / to / my / to / that / it / going / is / of / are / house / week).

(9) 私にとって１週間テレビを見ないでいるのはとても難しいでしょう。
(not / on / difficult / week / finish / TV / will / a / my / for / to / very / for / me / it / be / by / in / to / that / watch / for).

(10) 彼が良いリーダーではないことを知るのはあなたにとって驚きでしたか。
(it / you / to / of / good / was / for / interested / not / surprised / was / surprising / learn / that / he / a / leader / interesting)?

英作文：形式主語の it を使いましょう

(11) 他の国々からの本を読むことは私にとって興味深いです。

(12) ミーティングの前に自己(あなた自身を)紹介するなんて、あなたはなんて礼儀正しかったのでしょう。

(13) どのようにこの機械を使うか習うことはあなたにとって簡単でしたか。

(14) 彼らがあれらのドアをロックしないのは危険です。

(15) サトシにとって毎朝 5km 走ることは簡単です。

［解答］(11) It is (It's) interesting for me to read books from other countries. (12) It was polite of you to introduce yourself before the meeting. (13) Was it easy for you to learn how to use this machine? (14) It is (It's) dangerous (that) they do not (don't) lock those doors. (15) It is (It's) easy for Satoshi to run 5km every morning. 【問題解説】(11)「他の国々(複数)」なので、本も books と複数形になる。(14)「彼らにとって～」ではないので、It is dangerous for them ～. になっていない。

 現在完了形１

　現在完了形は「過去の一点から現在まで、その動作や状態が続いていること」を表し、主に「継続（（ずっと）〜している）」「完了・結果（〜し終えている）」「経験（〜したことがある）」の３つを表すことができます。

　基本の形は " 主語 ＋ have/has ＋ 過去分詞 ＋ 〜." で否定文は " 主語 ＋ have not (haven't) / has not (hasn't) 〜."、疑問文は "Have / Has 〜 ?" で答える時も have が使われます。また現在完了進行形（「ずっと〜し続けている」といった動作が進行中ということに注目する表現）は、過去分詞の代わりに「been ＋ 動詞 ing」が使われ、期間の長さを表す for 〜 / since 〜 の違いは「for ＝ 続いた長さ（１日、２か月など）」「since ＝ いつから続いているか（昨日から、2020 年からなど）」となります（今回の練習では主に「継続」と「現在完了進行形」が登場します）。

選択問題：次の文は現在完了形？それとも過去形？

(1)　私は先週からずっと忙しいです。　　　現在完了形・過去形

(2)　彼は学校に行きませんでした。　　　　現在完了形・過去形

(3)　彼女は宿題を終わらせています。　　　現在完了形・過去形

(4)　あなたは弁護士だったのですか。　　　現在完了形・過去形

(5)　彼らは日本に来たことがあります。　　現在完了形・過去形

> ［解答］（1）現在完了形（継続）（2）過去形 （3）現在完了形（完了・結果）（4）過去形
> （5）現在完了形（経験）

(6) 私は日本に5年間住んでいます。

(   ) (   ) lived (   ) (   ) (   ) five (   ).

(7) 私たちはこの問題について今朝からずっと議論し続けています。

We (   ) (   ) (   ) this problem (   ) (   ) (   ).

(8) あなたはテニスの練習に行きましたか。— はい、行きました。

(   ) (   ) (   ) (   ) the (   ) (   )? – Yes, (   ) (   ).

(9) 彼は彼の部屋で何をし(続け)ているのですか。— 彼は、彼の宿題をし(続け)ています。

(   ) (   ) he (   ) (   ) (   ) his (   )? – (   ) (   ) (   ) his (   ).

(10) 私は彼を10年より長く見ていません。

I (   ) (   ) him (   ) (   ) (   ) 10 (   ).

(11) 彼女は大学を卒業してからずっと科学の先生として働いているのですか。— いいえ、違います。

(   ) (   ) (   ) as (   ) (   ) (   ) (   ) she (   ) (   ) college? – No, (   ) (   ) (   ).

(12) ミカは4年間バスケットボールをしていませんが、彼女はまだ上手です。

Mika (   ) (   ) basketball (   ) four (   ), (   ) she (   ) (   ) good.

(13) 私は5年未満英語を学び続けています。

(   ) (   ) studying (   ) (   ) (   ) (   ) five (   ).

(14) 彼らは 2023 年に新しいレストランを開きませんでした。なぜなら、彼らにはたくさんのお金がなかったからです。

They (　　) (　　) (　　) (　　) restaurant (　　) 2023 because they (　　) (　　) (　　) money.

(15) あなたはどれくらい長い間、留学に興味を持っているのですか。

(　　) (　　) (　　) you (　　) (　　) (　　) (　　) (　　)?

[解答] (6) I / have / in / Japan / for / years (7) have / been / discussing / since / this / morning (8) Did / you / go / to / tennis / practice – I / did (9) What / has / been / doing / in / room – He's / been / doing / homework (10) haven't / seen / for / more / than / years (11) Has / she / worked / a / science / teacher / since / graduated / from – she / has /not (12) hasn't / played / for / years / but / is / still (13) I've / been / English / for / less / than / years (14) didn't / open / a / new / in / didn't / have / much (15) How / long / have / been / interested / in / studying / abroad【問題解説】(8) 過去形の文なので注意。(9) He's = He has (13) I've = I have (14) 過去形の文なので注意。(15) 留学 = study abroad

---

並び替え問題：不要な単語もあるので注意

(16) 彼女は退職してから英語を教えていません。

(taught / teaching / she / has / not / did / she / teach / since / English / for / retired).

(17) あなたはここに 3 時間より長くいるのですか。— はい。

(here / more / have / for / than / are / you / since / three / been / hours)? – (I / yes / been / , / have / am).

(18) 彼らは去年ドイツに引っ越しました。

(moved / year / they / have / plat / to / for / German / since / play / Germany / the / last).

(19) 北海道ではずっと雪が降り続いているのですか。―いいえ。

（ it / is / been / has / snowing / at / in / since / Hokkaido / for ）? – (it / Hokkaido / no / , / has / is / not).

(20) なぜあなたは彼女がゲンを約 20 年間知っていると思うのですか。

（ in / do / years / why / she / think / knew / about / Gen / is / for / known / you / thinking / have / 20 / since / has ）?

(21) 私はジムを先週から見ていません。彼がどこにいるかあなたは知っていますか。

（ see / I / didn't / Jim / since / seen / for / haven't / watch / last / week / watched). (you / have / where / known / do / has / he / since / know / is)?

(22) 彼は彼女がこの会社のために働き始めてからずっと(彼女を)サポートしています。

（ since / he's / for / her / supporting / company / for / this / she / working / supported / started / was / him).

(23) あなたは何をずっと勉強し続けているのですか。― 私は化学をずっと勉強し続けています。

（ are / what / do / studying / have / since / been / for / you / study ）? – (have / chemistry / I / science / physics / been / studying / am / study).

(24) ジョンは京都に 2 年間ずっと住んでいるので、彼は日本語を上手に話せると私は思います。

（ his / he / John / goodly / Japanese / Kyoto / in / has / years / lived / two / since / for / I / so / , / think / is / speak / can / well / him).

(25) 彼は彼の部屋で何をしていたのですか。— 彼は彼のテストのための勉強をしていました。

(room / has / been / what / he / his / was / in / at / is / doing / since)? – (his / test / is / was / he / has / for / been / studying / since).

[解答] (16) She has not taught English since she retired. (17) Have you been here for more than three hours? – Yes(, I have). (18) They moved to Germany last year. (19) Has it been snowing in Hokkaido? – No(, it has not). (20) Why do you think she has known Gen for about 20 years? (21) I haven't seen Jim since last week. Do you know where he is? (22) He's supported her since she started working for this company. (23) What have you been studying? – I have been studying chemistry. (24) John has lived in Kyoto for two years, so I think he can speak Japanese well. (25) What was he doing in his room? – He was studying for his test. 【解説】(21) 2文目は、ただ単に「彼の居場所」を尋ねているので現在形の文。(22) He's がここでは、He has の短縮形として使われている。(23) 化学 = chemistry (25) 過去進行形の文なので注意。

英作文

(26) 彼女は先月からカナダで働いています。

(27) 彼はどれくらいの間、彼のオフィスにい続けているのですか。

(28) 彼女は我々のスケジュールを先週説明しませんでした。

(29) 私はこれを 10 年より長く、使っていません。

(30) 彼らはナオトが昨日からずっと忙しいことを知っています。

［解答］（26）She has（She's）worked（been working）in Canada since last month. (27) How long has he been in his office? (28) She did not（didn't）explain our schedule last week. (29) I have not（haven't）used（been using）this for more than 10 years. (30) They know（that）Naoto has been busy since yesterday. 【解説】（28）過去形の文なので注意。

現在完了形 2

　ここでは現在完了形の「経験」「完了・結果」について学んでいきます。「経験」を表す場合、ever（かつて / これまで）や never（一度も〜ない）といった副詞がよく使われ、「完了・結果」を表す場合は just（ちょうど）や already（もうすでに）といった副詞がよく使われます。また今回は「（ずっと）動詞されている」という現在完了形の受け身（have + been + 過去分詞）についても学んでいきます。

穴埋め問題

(1)　私はあの本を読んだことがありますが、私はつまらないと思いました。

I (　　　) (　　　) (　　　) (　　　), but I (　　　) it (　　　) (　　　).

(2)　彼らは彼らの宿題を終えているので、彼らはテレビを見ることができます。

(　　　) (　　　) their (　　　), so (　　　) (　　　) (　　　) (　　　) (　　　).

(3)　私たちは、どのようにグループとして働くか教えられています。

(　　　) (　　　) (　　　) (　　　) how (　　　) (　　　) (　　　) (　　　) group.

(4)　このソフトウェアを使ったことがないのですか。— ないです。

(　　　) (　　　) (　　　) this (　　　)? – (　　　), I (　　　).

(5)　私はスティーブに今週（私に）電話するように伝えたのですが、彼は私にまだ電話してきていません。

(　　　) (　　　) Steve (　　　) (　　　) (　　　) (　　　) (　　　), but he (　　　) (　　　) me (　　　).

(6)　あの映画は世界中の何百万という人たちに見られています。

That (　　　) (　　　) (　　　) (　　　) (　　　) (　　　) (　　　) people around (　　　) (　　　).

(7)　あなたはロンドンにこれまで行ったことはありますか。— はい、あり
　　　ます。
　　　(　　　) (　　　) (　　　) (　　　) (　　　) (　　　)? – Yes, (　　　) (　　　).

(8)　彼女はあの問題をすでに解決しているので、彼女は喜んでいます。
　　　She's (　　　) (　　　) that (　　　), so she (　　　) very happy.

【解答】(1) have / read / that / book / thought / was / boring (2) They've /
finished / homework / they / can / watch / TV (3) We / have / been / taught /
to / work / as / a (4) Haven't / you / used / software – No / haven't (5) I / told /
to / call / me / this / week / hasn't / called / yet (6) movie / has / been /
seen（watched）/ by / millions / of / the / world (7) Have / you / ever / been / to /
London – I / have (8) already / solved / problem / is【問題解説】(7)「行ったこと
がある」と言いたい場合、主に gone ではなく been（be 動詞の過去分詞）が使われる
ので注意。

並び替え問題：不要な単語もあるので注意

(9)　そのメールはすでに送られているのですか。— はい、そうです。
　　　(the / does / has / is / already / I / being / e-mail / been / have /
　　　sent)? – (has / , / have / yes / I / it / was).

(10) 彼は日本を 20 回より多く訪ねています。彼は日本が大好きに違いあり
　　　ません。
　　　(more / most / has / than / gone / Japanese / he / 20 / Japan /
　　　visited / have / times / visits). (loved / must / he / love / should /
　　　has / loves / Japan).

(11) あなたは違って見えます。あなたは痩せましたか（体重を失いましたか）。
　　　(different / were / watch / differently / you / look / looks). (weight
　　　/ losed / were / have / you / lost)?

(12) 私たちのサッカーの試合は予定の変更がされました、悪い天気が原因です。
（ soccer / rescheduled / our / bad / since / been / the / did / game / of / has / because / weather / have ）.

(13) 私はパリに一度も行ったことがないので、私はとても緊張しています。
（ came / nervous / ever / have / I / gone / never / very / to / am / of / I / been / so / Paris / , ）.

(14) 彼女は熱心に働き続けているのですが、彼女は車を買うための十分なお金を貯金できていません（貯金し終えていません）。
（ buy / she / car / to / has / saving / she / but / buying / not / working / , / been / saved / hard / enough / a / has / money / in / have ）.

(15) あれらの新しい先生たちは、すでにあなたたちに紹介されているのですか。
（ been / have / introducing / those / introduced / your / already / teachers / you / to / new / interesting ）?

[解答]（9) Has the e-mail already been sent? – Yes（, it has）. (10) He has visited Japan more than 20 times. He must love Japan. (11) You look different. Have you lost weight? (12) Our soccer game has been rescheduled because of the bad weather. (13) I have never been to Paris, so I am very nervous. (14) She has been working hard, but（she）has not saved enough money to buy a car. (15) Have those new teachers already been introduced to you?【問題解説】(12) 〜が原因で = because of 〜

英作文：現在完了形を使って答えましょう

(16) 私は、私の新しい本を書き終えているのですが、3年かかりました。

(17) あのファイルは私のパソコンに保存されているので(保存されている状態なので)、私はいつでも(それを)チェックすることができます。

(18) あなたはこれまでバイオリンを弾いたことはありますか。— はい、あります。

(19) 彼女は、沖縄に行ったことが一度もありません。

(20) 私はパーティーに招待されているのですが、私は他に誰が招待されているのか知りません。

[解答] (16) I have (I've) finished writing my new book, but it took three years. (17) That file has been saved on my computer, so I can check it anytime. (18) Have you ever played the violin? – Yes(, I have). (19) She has (She's) never been to Okinawa. (20) I have (I've) been invited to the party, but (I) do not (don't) know who else has been invited. 【問題解説】(16) カンマの後の文は、時間の長さを表しているので通常主語に it が使われる。(17) 通常「パソコンに」という場合「パソコン上に」となるので、前置詞は on が使われる。

付加疑問文とは「〜ですよね」「〜でしょ」と訳され、相手に同意を求めたり確認したりする時に使われる表現です。肯定文に続く付加疑問文は、肯定文の最後に「カンマ＋否定の短縮の疑問形（don't you? / isn't she? など）」を足し、否定文の場合は「カンマ＋肯定の短縮の疑問系（do you? / is she? など）」を足します。

穴埋め問題

(1) 彼らはブラジルに住んでいるのですよね。－ はい、そうです。
They （　　） （　　） （　　）, （　　） （　　）? － （　　）, they （　　）.

(2) 彼女は私たちの新しい先生ではないですよね。— 違います。
（　　） （　　） not （　　） （　　） （　　）, （　　） （　　）? - （　　）, she （　　）.

(3) 私は試合の前に多すぎる量の水を飲むべきではないですよね。
（　　） （　　） drink （　　） （　　） （　　） （　　） the game, （　　） （　　）?

(4) 彼は昨日あなたに電話するのを忘れたでしょ。— はい。どうやってあなたは知ったのですか。
（　　） （　　） （　　） （　　） you （　　）, （　　） （　　）? - （　　）, he （　　）. （　　） （　　） （　　） （　　）?

(5) あなたはリビングでテレビを見ていましたよね。— いいえ。
（　　） （　　） （　　） TV （　　） （　　） （　　） （ · ）, （　　） （　　）? - （　　）, （　　） （　　）.

[解答] (1) live / in / Brazil / don't / they – Yes / do (2) She / is / our / new / teacher / is / she – No / isn't (3) I / shouldn't / too / much / water / before / should / I (4) He / forgot / to / call / yesterday / didn't / he – Yes / did / How / did / you / know (5) You / were / watching / in / the / living / room / weren't / you – No / I / wasn't

並び替え問題：不要な単語もあるので注意

(6) あなたは来週参加するべき会議は1つもない予定ですよね。

(on / will / in / meetings / won't / to / some / you / next / meet / attend / for / week / have / any / you / are / to / ,)？

(7) 雨が降っていますが、私たちはそれでも今日京都を訪ねるつもりなのですよね。

(to / are / aren't / is / still / in / it / going / we / to / raining / , / today / but / visit / for / it / Kyoto / we / do / isn't / ,)？

(8) 私たちにとってあのパン屋さんに行くのは遅すぎないですか。

(for / it / we / don't / late / to / isn't / aren't / too / us / bakery / are / go / that / , / to / it)？

(9) あれらの箱は彼に送られたのでしょ。

(to / in / was / boxes / on / weren't / him / sent / last / those / were / they / , / wasn't / boxes)？

(10) あなたはまだあなたの宿題を終えていないのでしょ。

(haven't / you / did / homework / you / finished / didn't / yet / your / have / weren't / ,)？

［解答］(6) You won't have any meetings to attend next week, will you？ (7) It is raining, but we are still going to visit Kyoto today, aren't we？ (8) Isn't it too late for us to go to that bakery？ (9) Those boxes were sent to him, weren't they？ (10) You haven't finished your homework yet, have you？**【問題解説】**(6) meetings to attend ＝ 参加するべき会議 (to 不定詞の形容詞的用法) (8) It ～ for ～ to ～ の形。否定疑問文なので注意。

英作文

(11) 冷蔵庫に牛乳があるのですよね。

(12) 彼女はニュースを聞いて失望していたでしょ。

(13) あなたはあの教科書が明日必要ではないのですか。

(14) 彼らは長崎に行ったことがないのですよね。

(15) 彼がいつ日本に来たかあなたは知らないですよね。

[解答] (11) There is milk in the refrigerator, isn't there? (12) She was disappointed to hear (learn) the news, wasn't she? (13) Don't you need that textbook tomorrow? (14) They have not (They've not / They haven't) been to Nagasaki, have they? (15) You do not (don't) know when he came to Japan, do you? 【問題解説】(13) 否定疑問文なので注意。

that 応用編

今回学ぶ that は、文を使って名詞を説明したり（例：car that I bought（私が買った車））、SVC の文の補語（C）として使われたりします（例：The problem is that I don't have enough money.（問題は、私に十分なお金がないことです）。また「最上級＋○○（＋ that）＋ I have（ever）〜」（私が（これまで）〜してきた中で最も〜な○○）や「one of the 最上級＋△△（＋ that）＋ I have（ever）〜」（私が（今まで・これまで）〜してきた中で最も〜な△△の１つ）という形でも使われます（今回登場する that は基本的に省略可能）。

穴埋め問題：that が使えるところは that を使いましょう

(1) あなたが昨日話していた先生は、彼女ですか。— そうです。

( ) ( ) the ( ) ( ) ( ) ( ) talking about
( )? – ( ), ( ) ( ).

(2) あなたが熱心に働くのは知っていますが、悲しい真実はみんながそれを知ることはないだろうということです。

I ( ) ( ) ( ) ( ) hard, ( ) the sad truth ( )
( ) not everyone ( ) know it.

(3) 私が去年教えた何人かの生徒は、私が卒業した高校に行きました。

Some ( ) ( ) I ( ) ( ) ( ) ( ) to the ( )
( ) I ( ) ( ).

(4) 私が今まで訪ねた最も美しい場所の１つはパリです。あなたは（そこに）今まで行ったことはありますか。

( ) ( ) ( ) ( ) ( ) ( ) I ( ) ever ( )
is Paris. ( ) you ( ) ( ) there?

(5) 彼女が中学校にいたときに読んだたくさんの本はあの著者によって書かれました。

( ) ( ) she ( ) ( ) she ( ) ( ) ( ) ( )
school ( ) ( ) ( ) ( ) author.

(6) 私はあの映画を見たいのですが、私には時間がないのが問題です。

I (　　) (　　) watch (　　) (　　), but the problem (　　)

(　　) I (　　) (　　) time.

(7) あなたは彼が買った車を見ていないですよね。— いいえ。（それについて）何がそんなに特別なのですか。

You (　　) (　　) the (　　) (　　) (　　), (　　) (　　)?

– (　　), I (　　). (　　) (　　) so (　　) (　　) it?

(8) 彼らが時々週末に行くレストランの名前を私は覚えていません。— 私も（それを）覚えていません。

I (　　) (　　) the (　　) (　　) the (　　) (　　) they (　　)

(　　) (　　) (　　) weekends? – I (　　) (　　) it, (　　).

(9) 私の姉が行きたがっているお祭りの１つは、青森で行われる予定です。

(　　) (　　) the (　　) (　　) my sister (　　) to (　　) (　　)

will (　　) held (　　) Aomori.

(10) 最も重要なポイントは私たちがチームとして働く必要があるというところです。そのため、私たちは週に１度会議をするべきです。

(　　) (　　) important (　　) (　　) (　　) we (　　) (　　)

(　　) (　　) (　　) team, so we (　　) have (　　) meeting

(　　) (　　) week.

英作文：that が使えるところは that を使いましょう

（11）私がオンラインで注文した腕時計はまだ来ていません。

（12）これは、私が今まで(私の人生で)使った中で一番重たいバスケットボールの 1 つです。

（13）ケンはサッカーが得意ですが、問題は彼がたったの 10 歳ということです。

（14）私が来年受ける必要があるテストの 1 つは、SAP と呼ばれています。あなたは(それを)今まで聞いたことがありますか。

（15）彼の間違いは、彼が彼のチームメイトたちを信頼しないことでした。

［解答］（11）The watch（that）I ordered online has not（hasn't）come yet. （12）This is one of the heaviest basketballs（that）I have ever used in my life. （13）Ken is good at soccer, but the problem is（that）he is only（just）10 years old.（14）One of the tests（that）I need to take next year is called SAP. Have you ever heard of it?（15）His mistake was（that）he did not（didn't） trust his teammates.【問題解説】（13）〜が得意 = be good at 〜（14）あなたは今 まで（それを）聞いたことがありますか = Have you ever heard of it?（決まったフレー ズとして覚えてしまうのが良い）（15）時制の一致に注意。

実は sometimes や on Monday などの副詞（句）は、文頭に置くことができます。ただし、全ての副詞（句）が置けるわけではないので注意しましょう。

穴埋め問題

(1) 土曜日に私たちは石川に行きました。

(　　　) (　　　), we (　　　) (　　　) (　　　).

(2) 彼は賢いと思います。例えば、彼は 4 つの言語を話せます。

(　　　) (　　　) (　　　) (　　　) smart. (　　　) (　　　), he (　　　)
(　　　) four (　　　).

(3) あなたの新しいパソコン（の調子）はどうですか。— 実は、昨日（それは）壊れました。

How (　　　) (　　　) (　　　) (　　　)? – (　　　), (　　　) (　　　)
yesterday.

(4) 7 年前、彼は弁護士として働いていましたが、今彼は医者として働いています。

(　　　) (　　　) (　　　), he (　　　) (　　　) (　　　) (　　　) (　　　),
(　　　) (　　　), he (　　　) (　　　) (　　　) (　　　) (　　　).

(5) 毎朝、彼はカップ 2 杯のコーヒーを飲みバナナを 1 本食べます。

(　　　) (　　　), he (　　　) two (　　　) (　　　) (　　　) and eats a
(　　　).

(6) まず最初に、私は私たちが可能な限り早く解決する必要がある問題について話したいです。

(　　　) (　　　) (　　　), I (　　　) (　　　) talk (　　　) the problem
(　　　) we (　　　) (　　　) (　　　) (　　　) (　　　) as (　　　).

(7) ２日前、彼女は私たちのオフィスに来て自己紹介しました。

（　　）（　　）（　　）, she（　　）（　　）（　　）（　　）and
（　　）（　　）.

(8) 彼女はいつも8:00前に仕事に来るのですが、彼女の上司はそのことについて知りません。

（　　）（　　）（　　）（　　）（　　）（　　）8:00,（　　）（　　）boss
（　　）（　　）（　　）（　　）it.

(9) とうとう彼は大学を卒業しカナダに戻って行きました。

（　　）,（　　）（　　）（　　）college and（　　）（　　）（　　）
Canada.

(10) 私たちは天気のせいでサッカーを練習することができませんでした。その結果、私たちは試合に負けました。

（　　）（　　）（　　）（　　）soccer because（　　）（　　）（　　）.
（　　）（　　）（　　）, we（　　）the game.

(11) 私には今日しないといけないことがたくさんあります。最初に、私は私の宿題を終わらせないといけません。２番目に、私は私の家族のために夕食を作らないといけません。

（　　）are（　　）things that（　　）have（　　）（　　）today.
（　　）, I（　　）（　　）finish（　　）（　　）.（　　）, I（　　）（　　）
（　　）dinner（　　）（　　）（　　）.

(12) ジョンは子供たちが好きですが、驚くことに彼は教員になることに興味はありません。

John（　　）（　　）,（　　）（　　）, he（　　）not（　　）（　　）
（　　）a（　　）.

(13) 時々、私はあの公園に行き、私の友人たちとテニスをします。

(   ), (   ) (   ) (   ) that (   ) (   ) (   ) (   )

(   ) my (   ).

(14) 彼女は歌うのが得意ですが、正直なところ、彼女は日本にいる最高の歌手の一人だと私は思いません。

(   ) (   ) (   ) (   ) (   ), (   ) (   ), I (   ) (   )

she (   ) (   ) (   ) (   ) best (   ) (   ) Japan.

(15) 彼らは福岡に今まで一度も行ったことがありませんが、彼らは熊本に行ったことはあります。

(   ) (   ) (   ) (   ) (   ) Fukuoka, (   ) they (   )

(   ) (   ) Kumamoto.

[解答] (1) On / Saturday / went / to / Ishikawa (2) I / think / he / is / For / example（instance）/ can / speak / languages (3) is / your / new / computer – Actually / it / broke (4) Seven / years / ago / was / working / as / a / lawyer / but / now / is / working / as / a / doctor (5) Every / morning / drinks / cups / of / coffee / banana (6) First / of / all / want / to / about / that / need / to / solve / as / soon / possible (7) Two / days / ago / came / to / our / office / introduced / herself (8) She / always / comes / to / work / before / but / her / does / not / know / about (9) Finally / he / graduated / from / went / back / to (10) We / could / not / practice / of / the / weather / As / a / result / lost (11) There / many / I / to / do / First / have / to / my / homework / Second / have / to / make / for / my / family (12) likes / children（kids）/ but / surprisingly / is / interested / in / becoming / teacher (13) Sometimes / I / go / to / park / and / play / tennis / with / friends (14) She / is / good / at / singing / but / honestly/ don't / think / is / one / of / the / singers / in (15) They / have / never / been / to / but / have / been / to 【問題解説】 (8) always は文頭に置けないので注意。(15) Never は文頭に置けないので注意。

CHECK! 39 助動詞 would

Let's try! 15問

　　助動詞の would は、would like to というフレーズだけでなく「推量（たぶん〜だろう）」「丁寧なお願い（〜していただけますか）」を表す時にも使えます。また "I think that + 〜 will" などの文を過去形にするときにも使われます。

穴埋め問題

(1)　彼女は、来週（彼女が）あなたをインタビューするでしょうと言いました。
　　　(　　　) (　　　) she (　　　) (　　　) (　　　) (　　　) (　　　).

(2)　将来いつか私は広島に行きたいです。
　　　I (　　　) (　　　) (　　　) (　　　) (　　　) Hiroshima sometime (　　　)
　　　(　　　) (　　　).

(3)　あなたは私があの会議室をこの午後使うつもりだとは思わなかったでしょ。
　　　(　　　) (　　　) (　　　) I (　　　) (　　　) (　　　) meeting (　　　)
　　　(　　　) (　　　), (　　　) (　　　).

(4)　いくらか新鮮な空気を得ましょう。あの窓を開けていただけますか。
　　　(　　　) (　　　) some (　　　) (　　　). (　　　) you (　　　) (　　　)
　　　window?

(5)　彼はステージの前に座るだろうと（彼は）私に伝えました。
　　　(　　　) (　　　) (　　　) he (　　　) sit (　　　) (　　　) (　　　) (　　　)
　　　(　　　).

並び替え問題：不要な単語もあるので注意

(6) 私にとってバスを使わずに駅に行くのは、とても難しいだろう。

（ in / the / be / to / a / with / off / station / is / would / without / it / go / difficult / very / to / for / of / me / using / bus ）.

(7) 私は今年 30 人より多くの生徒を指導するだろうと思いました。

（ to / than / I / 30 / this / I / year / students / in / more / would / thought / teach / like / of / at ）.

(8) 明日の朝、私のオフィスに来ていただけますか。

（ my / you / at / tomorrow / to / do / office / for / would / morning / come / in / may ）?

(9) これらの質問にどのように答えるのか、私はあなたに見せていただきたいです。

（ to / in / question / show / me / answer / would / these / what / how / to / like / I / you / questions / to / when ）.

(10) 彼はいつあなたにあの箱を送るだろうと言ったか、あなたは覚えていますか。

（ you / will / in / send / you / that / would / time / he / do / when / say / said / remember / box / he / did / sent ）?

(11) 彼女は、なぜ彼女の車を売るつもりなのか全く説明しませんでした。
（ never / she / she / car / to / explained / her / was / why / sell /
going / will / how ）.

(12) あなたは消しゴムとペンをフロントデスクで借りることができるでしょう。
（ be / front / would / able / eraser / you / and / borrow / a / an / at
/ can / to / pen / of / the / desk ）.

(13) 私は、あなたに彼女に電話をしていただき、私たちはミーティングで何
が必要なのか尋ねていただきたいです。
（ like / in / call / you / to / and / I / we / would / meeting / her / the
/ ask / what / for / of / need / the / in ）.

(14) いくらかコーヒーはいかがですか。― 結構です。
（ you / like / some / would / drink / will / coffee ）? – (thank / you /
no / , / yes).

(15) 私は彼がパーティーを楽しむだろうと本当に望んだのですが、彼がそう
したとは私は思いません。
（ did / he / really / I / will / didn't / would / hoped / the / think / but
/ don't / enjoy / party / , / I / he / thought ）.

【解答】(6) It would be very difficult for me to go to the station without using a bus. (7) I thought I would teach more than 30 students this year. (8) Would you come to my office tomorrow morning? (9) I would like you to show me how to answer these questions. (10) Do you remember when he said he would send you that box? (11) She never explained why she was going to sell her car. (12) You would be able to borrow an eraser and a pen at the front desk. (13) I would like you to call her and ask what we need for the meeting. (14) Would you like some coffee? – No, thank you. (15) I really hoped he would enjoy the party, but I don't think he did. 【問題解説】(9) 私はあなたに～していただきたい = I would like you to ～ (14)「Would you like ～ ? = ～は、いかがですか」何かをすすめる時は、疑問文でも some が使われることがある。

関係代名詞

　関係代名詞には、who / whose / which などがあり、「人」「物」などの名詞が文を使って説明される時に使われます。ちなみに CHECK 37 で登場した that も関係代名詞の1種です。基本の形は「先行詞 + 関係代名詞 + 関係詞節」で、理解のポイントは「先行詞（説明される名詞）が関係詞節（説明する文）で主格・所有格・目的格のどの形で使われているか見分けること」です（目的格の関係代名詞はよく省略される）。

先行詞の種類	主格	所有格	目的格
人	who	whose	whom / who
人以外 （動物・物など）	which	whose	which
人・人以外 （すべて）	that	—	that

穴埋め問題：関係代名詞を使って答えましょう

(1)　彼が6年前に日本に来た（その）医者です。

　　（　　　）（　　　　）the（　　　）（　　　）（　　　　）（　　　）（　　　　）six（　　　）
　　（　　　）.

(2)　ここが、来年校長先生が退職する（その）学校です。昨日、私は彼女と話す機会がありました。

　　（　　　）（　　　　）the（　　　）（　　　）principal（　　　）（　　　）（　　　）
　　year.（　　　）,（　　　）（　　　）（　　　　）chance（　　　）talk with（　　　）.

(3)　私たちが昨晩見たその映画は私の友人の一人が監督しました（私の友人の一人によって監督されました）。

　　（　　　）（　　　）（　　　）（　　　）saw（　　　）night（　　　）（　　　）
　　（　　　）（　　　）（　　　）（　　　）（　　　）.

(4) 彼女はとても驚いていました。なぜなら、彼女が何年も見ていなかった
友人に会ったからです。
(　　) (　　) very (　　) (　　) (　　) met a (　　) (　　)
she (　　) (　　) (　　) many (　　).

(5) 私には庭がいつも美しい隣人がいます。彼女は、どのように(それを)し
ているのだろう。
(　　) have a (　　) (　　) (　　) (　　) (　　) (　　).
I (　　) (　　) she (　　) it.

(6) ミクは、座席が皮の車(皮の席を持っている車)を買いました。
Miku (　　) a (　　) (　　) (　　) leather (　　).

(7) 窓のそばに座っている(その)女の子はヒロコです。彼女はあなたと同じ
ぐらい賢いです。
(　　) (　　) (　　) (　　) (　　) (　　) the (　　) (　　)
Hiroko. She (　　) (　　) smart (　　) (　　) (　　).

(8) 私は壁が黄色のミュージアムを見つけました。— 私はあなたがどの
ミュージアムについて話しているのか知っています。
I (　　) a (　　) (　　) (　　) are (　　). – I (　　) (　　)
(　　) (　　) (　　) talking (　　).

(9) あれらは私が高校にいた時に使っていた教科書です。
(　　) (　　) the (　　) I (　　) (　　) (　　) I (　　) (　　) (　　)
(　　) (　　).

(10) 彼らがコンサートで見た音楽家は、世界でもっと有名な音楽家の一人です。
The musician (　　) they (　　) at (　　) (　　) is (　　) (　　)
(　　) (　　) (　　) (　　) in (　　) (　　).

[解答] (1) He / is / doctor / who (that) / came / to / Japan / years / ago
(2) This / is / school / whose / will / retire / next / Yesterday / I / had / a / to /
her (3) The / movie / which (that) / we / last / was / directed / by / one / of /
my / friends (4) She / was / surprised / because / she / friend / whom (who /
that) / hasn't / seen / for / years (5) I / neighbor / whose / garden / is / always
/ beautiful / wonder / how / does (6) bought / car / which (that) / has / seats
(7) The / girl / who (that) / is / sitting / by / window / is / is / as / as / you / are
(8) found / museum / whose / walls / yellow – know / which / museum / you /
are / about (9) Those / are / textbooks / was / using / when / was / in / high /
school (10) whom (who / that) / saw / the / concert / one / of / the / most /
famous / musicians / the / world

並び替え問題：関係代名詞が使えるところは使いましょう

(11) 彼女が、先週車が盗まれた（その）女性です。
(who / stealed / lady / is / stolen / she / week / the / last / whom /
which / was / whose / car / that).

(12) これが日本にいる有名な作家によって書かれた（その）本ですか。
(author / is / a / which / Japan / at / whose / writed / this / written
/ whom / was / book / the / who / by / famous / in)?

(13) レースに勝ったその人は私の友人の一人です。
(the / whom / friends / person / my / race / of / the / is / one /
whose / won / which / that / winned).

(14) 私は製品が環境に優しい会社を見つける必要があります。なぜなら、（そ
れは）私の宿題だからです。
(homework / need / I / which / is / because / find / it / who /
company / whom / products / to / a / whose / my / are /
eco-friendly / my).

(15) 彼は私が若かった時に私が一緒に働いた（その）ツアーガイドです。

（ in / I / is / worked / at / whom / he / was / young / guide / I / the / when / tour / with / whose ）.

> **[解答]** (11) She is the lady whose car was stolen last week. (12) Is this the book which was written by a famous author in Japan? (13) The person that won the race is one of my friends. (14) I need to find a company whose products are eco-friendly because it is my homework. (15) He is the tour guide（whom）I worked with when I was young. **【問題解説】** (14) ここで登場する「会社」は、限定されていない（「製品が環境に優しい"その"会社」ではない）ため、a company となる。(15) whom は省略可。

英作文：関係代名詞を使って答えましょう

(16) 私が訪ねたい（その）市は横浜です。

(17) これを描いた画家をあなたは知っていますか。

(18) 屋根が茶色い（その）家をあなたは見えますか。

(19) 彼は先月オープンした（その）日本食レストランが好きです。

(20) 私たちがあのイベントのために雇った（その）写真家は、たくさんの美しい写真を撮りました。

(21) 彼女が、旦那さんが有名な歌手の（その）歯医者です。

(22) 私は、パワフルなスピーカーがついている（持っている）パソコンが必要です。

(23) 私たちはスペイン語を話すことができる英語の先生を探しています。

(24) しっぽが白い（その）犬は、私たちの犬です。

(25) あれが私の息子が卒業した(その)高校です。

[解答] (16) The city (which / that) I want to (would like to) visit is Yokohama. (17) Do you know the artist (painter) who (that) drew this? (18) Can (Do) you see the house whose roof is brown? (19) He likes the Japanese restaurant which (that) opened last month. (20) The photographer (whom / who / that) we hired for that event took many (a lot of) beautiful pictures (photos / photographs). (21) She is the dentist whose husband is a famous singer. (22) I need a computer which (that) has a powerful speaker. (23) We are (have been) looking for an English teacher who (that) can speak Spanish. (24) The dog whose tail is white is our dog. (25) That is the high school (which / that) my son graduated from. 【問題解説】 (17) これを描いた画家は一人しかいないので、the painter (artist) となる

穴埋め問題

(1) 私が彼女に私のアイディアを伝えた際、私は彼女が私に同意しないだろうと思いました。

(　　　) I (　　　) (　　　) (　　　) idea, I (　　　) (　　　) (　　　) disagree with (　　　).

(2) 私は京都に一度も行ったことがないのですが、(それは)美しいと聞いたことがあります。

(　　　) (　　　) (　　　) (　　　) to Kyoto, but I (　　　) (　　　) it (　　　) (　　　).

(3) 時々、彼女は私のアパートに来て私の部屋を掃除します。

(　　　), (　　　) (　　　) (　　　) my (　　　) and (　　　) (　　　) my (　　　).

(4) 私が昨日読み始めたその本はとても良いです。(それは)私が今まで読んだ中で一番の本の 1 つです。

The book (　　　) (　　　) (　　　) (　　　) (　　　) is very good. It (　　　) (　　　) (　　　) (　　　) (　　　) (　　　) I (　　　) (　　　) (　　　).

(5) これらのボトルをどこに入れるか(私に)教えてください。
　— この箱の中に(それらを)入れてください。

(　　　) (　　　) me (　　　) (　　　) put (　　　) (　　　).
– Put (　　　) in (　　　) (　　　), (　　　).

(6) 3か月前にあの車は売れました。興味深いことにそれは高校生によって
買われました。

(   ) (   ) (   ), (   ) car (   ) (   ). (   ), it (   )
(   ) (   ) a (   ) (   ) (   ).

(7) 私はあのテレビが本当に好きなのですが、唯一の問題は（値段が）高すぎ
ることです。

I (   ) (   ) (   ) (   ), but the (   ) problem (   )
(   ) it (   ) (   ) (   ).

(8) 私たちが一緒にプレーしたプロバスケットボール選手は、スミスさんです。

The (   ) (   ) (   ) (   ) we (   ) (   ) is Mr. Smith.

(9) 彼女は、彼女の部屋で何をし続けていたのですか。
— 彼女は、（彼女の）テストのための勉強をし続けていました。

(   ) has she (   ) (   ) (   ) (   ) (   )?
– She (   ) (   ) (   ) (   ) (   ) test.

(10) 彼女はあの薬を飲むのが好きではないのでしょ。 — 好きではないです。

She (   ) (   ) (   ) (   ) (   ) that (   ), (   )
(   )? – (   ), she (   ).

［解答］(1) When / told / her / my / thought / she / would / me (2) I / have /
never / been / have / heard / is / beautiful (3) Sometimes / she / comes / to /
apartment / cleans / up / room (4) which（that）/ I / started（began）/
readying / yesterday / is / one / of / the / best / books / have / ever / read
(5) Please / tell / where/ to / these / bottles – them / this / box / please
(6) Three / months / ago / that / was / sold / Interestingly / was / bought / by
/ high / school / student (7) really / like / that / TV / only / is / that / is / too /
expensive (8) professional / basketball / player / whom（who / that）/ played
/ with (9) What / been / doing / in / her / room – has / been / studying / for /
her (10) does / not / like / to / take / medicine / does / she – No / doesn't【問題
解説】(10)「薬を飲む」という場合、動詞は take となる。

(11) 彼らは今朝からテニスをし続けています。

(have / morning / they / this / that / playing / since / been / tennis / for / in).

(12) 私は彼が東京に5軒のレストランを持っていることを知って驚いています。

(surprise / surprised / to / I / restaurants / learn / in / five / am / has / that / he / Tokyo / at / surprising).

(13) あれは私が今までの私の人生の中で見た最高の映画の1つです。

(I / my / ever / is / to / for / that / of / have / since / movie / one / seen / movies / the / best / in / life / saw).

(14) 私たちは、私たちの夏休みに何をするか決めようとしています。

(during / with / are / do / at / our / we / to / summer / trying / what / try / vacation / decide / to / doing).

(15) エレベーターを使うのを抜きであれらの箱を3階に持っていくのは私には不可能でした。【ヒント：主語は it を使う】

(me / was / it / I / three / the / without / use / of / third / impossible / to / those / elevator / to / for / using / take / boxes / without / the / floor).

(16) あれが嵐によって屋根に損害を受けた家です。

(in / who / storm / house / whose / which / damaged / by / whom / roof / was / for / that / the / is / the).

(17) あなたのパスポートのコピーを送っていただけますか。

(did / me / do / would / in / send / a / for / passport / copy / you / me / of / your / were)?

(18) 他の人たちのためにドアを抑えておくなんて、あなたは礼儀正しかったです。

(at / was / it / at / of / hold / polite / people / for / the / to / other / door / you / for / in).

(19) この本はたくさんの違う言語に翻訳されてきています。なぜなら、(それは)とても人気があるからです。

(have / very / book / has / translated / it / this / more / because / into / different / languages / been / many / popular / is / popularing).

(20) 真実は、私は昨晩(私の)宿題を終わらせられなかったことです。

(is / the / in / last / that / homework / at / could / my / truth / I / not / finish / night / done / at).

[解答] (11) They have been playing tennis since this morning. (12) I am surprised to learn (that) he has five restaurants in Tokyo. (13) That is one of the best movies I have ever seen in my life. (14) We are trying to decide what to do during our summer vacation. (15) It was impossible for me to take those boxes to the third floor without using the elevator. (16) That is the house whose roof was damaged by the storm. (17) Would you send me a copy of your passport? (18) It was polite of you to hold the door for other people. (19) This book has been translated into many different languages because it is very popular. (20) The truth is (that) I could not finish my homework last night. 【問題解説】(15) 文脈上、どこのエレベーター(3 階に箱を運ばないといけないその建物のエレベーター)か限定できるため the elevator となる。

(21) 彼は、彼らのパーティーに誘われたのですよね。―いいえ。

(22) 彼女は、彼女の母親がデザインした(その)ドレスを着ています。

(23) 彼女にとってあの歌を歌うことは簡単でした。
【ヒント：主語は、it を使う】

(24) 彼は私たちの会社の中で一番のプログラマーの一人なので、あなたは彼に尋ねるべきです。

(25) トムが私たちに今朝送った(その)メールをあなたはすでに読み終えているのですか。

(26) 彼は娘さんが有名な女優の(その)映画監督です。

(27) 彼らは野球をしていなかったのですよね。― していました。

(28) この問題は、私が小学校にいた時からずっと議論されています。

(29) 彼は、彼が子供だった時、どのように泳ぐのか知りませんでした。

(30) ピアノを弾いている(その)男の子は私の息子です。

[解答]（21）He was invited to their party, wasn't he? – No(, he wasn't). (22) She is (She's) wearing the dress (which / that) her mother designed. (23) It was easy for her to sing that song. (24) He is one of the best programmers in our company, so you should ask him. (25) Have you already finished reading the email (which / that) Tom sent us this morning? (26) He is the movie director whose daughter is a famous actress. (27) They were not (weren't) playing baseball, were they? – Yes(, they were). (28) This problem (issue) has been discussed since I was in elementary school. (29) He did not (didn't) know how to swim when he was a child (kid). (When he was a child (kid), he did not know how to swim.) (30) The boy who (that) is playing the piano is my son.【問題解説】（23）Singing that song was easy for her.（動名詞を使った文）や To sing that song was easy for her.（to 不定詞を使った文）を使うことも可。

関係副詞とは先行詞が「場所」や「時」を表す単語・フレーズで関係詞節の中で副詞として登場する時に使われます。関係副詞には主に where / when / why / how があります。

先行詞の種類	場所	時	理由	（先行詞不要）
先行詞の例	station / place など	day / week / など	reason	—
関係副詞	where	when	why	how

穴埋め問題

(1) あれは彼らが昨晩滞在した（その）ホテルです。

(　　) (　　) (　　) hotel (　　) (　　) (　　) (　　) night.

(2) 私たちはアウトレットモールに行き、その時私たちはあのマットレスを買いました。

(　　) (　　) (　　) an outlet mall, (　　) that was (　　) we
(　　) (　　) mattress.

(3) あなたが日本語を習いたい理由を私に教えて。

(　　) (　　) the (　　) (　　) you (　　) to (　　) (　　).

(4) これが、彼女が彼女の生徒たちに英語を教えるやり方です。

(　　) (　　) (　　) she (　　) (　　) (　　) (　　) (　　).

(5) 私は札幌が大好きです。実際、そこは私が北海道を訪ねるときはいつもいく場所です。

(　　) love (　　). (　　) (　　), that (　　) (　　) I (　　)
go (　　) I (　　) (　　).

(6) 私は、私が最初にアメリカに行った日を絶対に忘れないでしょう。

(　　) (　　) (　　) forget the day (　　) (　　) to America
(　　) (　　) (　　) (　　).

(7) 彼女は彼女の宿題を終わらせられず、それが理由で彼女はパーティーに
遅れました。

She (　　　) (　　　) finish (　　　) (　　　), and that is (　　　) she
(　　　) (　　　) (　　　) (　　　) (　　　).

(8) 彼はシャワーを浴びてカップ一杯のコーヒーを飲みます。それが彼が(彼
の)1日を始める方法です。

He (　　　) (　　　) (　　　) and (　　　) a (　　　) (　　　) (　　　).
That (　　　) (　　　) (　　　) starts (　　　) (　　　).

【解答】 (1) That / is / the / where / they / stayed / last (2) We / went / to / and /
when / bough / that (3) Tell / me / reason(s) / why / want / learn / Japanese
(4) This / is / how / teaches / English / to / her / students (5) I / Sapporo / In /
fact / is / where / always / when / visit / Hokkaido (6) I / will / never/ I / went /
for / the / first / time (7) could / not / her / homework / why / was / late / for /
the / party (8) takes / a / shower / drinks / cup / of / coffee / is / how / he / his
/ day 【問題解説】 (2) when の先行詞が省略されている形。(5) where の先行詞が省
略されている形。(6) 最初に = for the first time (7) why の先行詞が省略されている
形。〜に遅れる = late for 〜

並び替え問題：不要な単語もあるので注意

(9) 私がこのパソコンを買ったお店は素晴らしいカスタマーサービスです
(持っています)。
(for / store / customer / where / in / how / the / has / this / when /
computer / bought / why / I / service / excellent / buyed).

(10) 私は、私たちが最初に会った日のことをしばしば考えます。
(for / first / on / when / about / why / we / the / think / often /
where / I / how / met / day).

(11) 彼女は、彼女が仕事を辞めた理由を説明したがりません。

（ quit / not / when / to / her / explain / does / she / she / the / where / how / reason / job / want ）.

(12) それが日本で電車に乗る方法です。

（ a / at / ride / when / at / you / train / why / is / where / Japan / that / how / in / of ）.

(13) 彼が働くオフィスはここからとても遠いので、彼はたいてい車で仕事に行きます。

（ he / so / usually / when / goes / works / car / here / work / office / why / from / the / is / far / where / how / to / very / , / he / by / a ）.

(14) 私は、この歌が至る所で流れていた時を今でも覚えています。

（ the / everywhere / in / time / remember / why / I / was / still / where / song / how / this / played ）.

(15) 彼女は高血圧なの（高い血圧を持っているの）で、それが理由で医者は彼女にお菓子を食べるのをやめるように伝えました。

（ the / pressure / is / snacks / when / eat / her / has / why / , / and / she / blood / where / high / how / she / eating / doctor / stop / that / told / to ）.

[解答]（9）The store where I bought this computer has excellent customer service. (10) I often think about the day（when）we first met. (11) She does not want to explain the reason she quit her job. (12) That is how you ride a train in Japan. (13) The office where he works is very far from here, so he usually goes to work by car. (14) I still remember the time this song was played everywhere. (15) She has high blood pressure, and that is why the doctor told her to stop eating snacks. 【問題解説】(10) when は、省略可。(12) 一般的なことを言う際は、よく主語に you が使われる。(13) where を省略する場合は、The office he works at となるので注意。

英作文：関係副詞を使って文を作りましょう

(16) それが、私が毎日学校に行く方法です。

(17) 私は、あなたが産まれた市を訪ねたいです。

(18) それが、あなたがこの薬を飲む時です。

(19) 私たちは彼女が彼女のピアノのレッスンをキャンセルした理由を知りません。

(20) 私はこれらの本を読むことができる静かなレストランを探しています。

[解答] (16) That is (That's) how I go to school every day. (17) I want to (would like to) visit the city where you were born. (18) That is (That's) the time when you take this medicine. (19) We do not (don't) know the reason(s) why she cancelled her piano lesson. (20) I am (I'm) looking for a quiet restaurant where I can read these books. 【問題解説】(18) the time when の代わりに the time だけや when だけでも可。(19) the reason(s) why の代わりに the reason(s) だけや why だけでも可。

関係詞の継続用法 & 複合関係詞

　関係詞の継続用法（または非制限用法）は、名詞に補足説明をする時に使われ、形は「先行詞 , 関係詞節（例：a student, who studies English）」となります。また、複合関係詞とは whoever / however のように「疑問詞 ever」の形で「〜しても（例：誰が〜しても）」「〜でも（例：誰でも）」という意味で使われます。

穴埋め問題

(1) 私にはその時たくさんのお金がありませんでしたが私は車を買いました、そしてそれは父の車より高かったです。

Although (　　) (　　) (　　) (　　) money (　　) the moment, I (　　) (　　) (　　), (　　) was (　　) (　　) (　　) (　　) father's car.

(2) 私のメールに返信してください、いつでもあなたに機会がある時に。

(　　) reply (　　) (　　) email (　　) (　　) get (　　) chance.

(3) 私たちは、3 年前に日本に来た新しいエンジニアを雇いました。

We (　　) (　　) (　　) (　　), (　　) (　　) (　　) (　　) three (　　) (　　).

(4) 私のお気に入りのアーティストが愛媛でコンサートを行った前回の日曜日、私は東京にいました。

(　　) (　　), (　　) (　　) (　　) (　　) had (　　) (　　) (　　) (　　), I (　　) (　　) (　　).

(5) もしあなたが 2,000 円払えば、あなたは（あなたが）好きなものを何でも食べることができます。

(　　) (　　) pay 2,000 yen, (　　) (　　) eat (　　) (　　) like.

[解答]（1）I / didn't / have / much / at / bought / a / car / which / more / expensive / than / my（2）Please / to / my / whenever / you / a（3）hired / a / new / engineer / who / came / to / Japan / years / ago（4）Last / Sunday / when / my / favorite / artist / a / concert / in / Ehime / was / in / Tokyo（5）If / you / you / can / whatever / you【問題解説】（1）その時 = at the moment（at the time）

並び替え問題：不要な単語もあるので注意

（6）私には妹が一人います、そして彼女の夫は有名な作家です。

（ in / have / her / who / sister / is / writer / for / husband / I / a / whose / , / a / famous / whom ）.

（7）あなたは、あなたが望む誰にでも尋ねることができますが、あなたは質問の答えを見つける必要があります。

（ but / ask / need / question / whomever / find / to / wherever / answer / you / want / can / whatever / the / however / you / , / to / the / you ）.

（8）私は、かつて住んでいた兵庫に行ってきました。

（ when / went / , / wherever / I / live / where / to / whenever / to / I / Hyogo / used / whose ）.

（9）彼はこれらのお菓子をいつも買います、いつでも彼の祖父母を訪ねる時は。

（ always / buys / what / grandparents / him / these / his / he / visits / whenever / snacks / he / when / whatever / buying ）.

（10）あなたはどのようにでもあなたが望むように仕事に行くことができます、（あなたが）8:00 までにオフィスに着ける限り。

（ how / can / get / to / by / you / can / the / whenever / go / you / you / want / as / work / long / in / however / office / as / for / to / 8:00 ）.

[解答] (6) I have a sister, whose husband is a famous writer. (7) You can ask whomever you want, but you need to find the answer to the question. (8) I went to Hyogo, where I used to live. (9) He always buys these snacks whenever he visits his grandparents. (10) You can go to work however you want as long as you can get to the office by 8:00.

英作文：（12）と（14）は継続用法で答えましょう

(11) 誰でもパーティーに来る人は、このシートにサインする必要があります。

(12) 私は、日本で最も有名な野球選手の一人であるショウヘイに自己紹介する（自分を紹介する）チャンスがありました。

(13) 何が起きても、あなたはひとりではないことを覚えておかないといけません。【ヒント：複合関係詞（～ever）を使う】

(14) 彼女は時々（彼女が）静かに勉強できるあのカフェに行きます。

(15) いつでも彼が彼の両親を恋しく思う時は、（彼は）彼らに電話をします。

[解答] (11) Whoever comes to the party needs to sign this sheet. (12) I had a chance to introduce myself to Shohei, who is one of the most famous baseball players in Japan. (13) Whatever happens, you must (have to) remember (that) you are not (aren't) alone. (14) She sometimes goes to that café, where she can study quietly. (15) Whenever he misses his parents, he calls them. (He calls his parents whenever he misses them.)

分詞 & 後置修飾

　分詞とは、動詞に ing や ed を足して形容詞にしたもので「～ ing ＝～している」「～ ed ＝ ～ (さ) れた / ～した」と訳されます。また、2 語以上で修飾する際は名詞の後ろから修飾 (後置修飾) されるのがポイントです。ただし、some / every / any / などに ~thing / ~one / ~body などが付いた単語 (something など) は一語でも、後ろから修飾されますので注意してください。

穴埋め問題

(1)　これらは退屈な DVD だと私は思うので、誰でもそれらが欲しい人は (それらを) 持っていくことができます。

I (　　　) (　　　) (　　　) (　　　) DVDs, so (　　　) (　　　) (　　　) (　　　) take (　　　).

(2)　ジョンより背が高い人は誰でもあのジェットコースターに乗ることができます。

Anyone (　　　) (　　　) John (　　　) ride (　　　) roller coaster.

(3)　私は、あれらの落ちた葉っぱの写真を何枚か撮らせていただきたいです。

I (　　　) (　　　) (　　　) (　　　) some pictures (　　　) (　　　) (　　　) (　　　).

(4)　彼はこの本を読むことを提案しましたが、私は興味深いのは何も見つけることができませんでした。

(　　　) suggested (　　　) (　　　) (　　　), (　　　) I (　　　) (　　　) (　　　) anything (　　　).

(5)　あの吠えている犬が今朝私を起こしました (私の目を覚ましました)。

(　　　) (　　　) dog (　　　) (　　　) up (　　　) (　　　).

並び替え問題：不要な単語もあるので注意

(6) 彼女は英語で書かれている本を読みます。そして、それは彼女が英語を
勉強する方法です。

(reads / she / in / where / at / books / what / she / English /
studies / how / and / is / written / , / when / that / to / English).

(7) 私は、私の宿題を終わらせていないので、私は（私が）出来る限り早く終
わらせる必要があります。

(whatever / am / I / can / need / it / not / as / how / with / I / done
/ my / what / when / so / sooner / homework / as / , / soon / I / to
/ finish).

(8) 私たちは創造的な誰かを雇いたいです。なぜなら、私たちは新しいデザ
インを考え出さないといけないからです。

(up / we / would / new / to / have / we / to / hire / like / someone
/ because / creative / with / designs / come / create / think).

(9) 国内での人口増加が問題の原因の１つです。

(at / the / problem / causes / growing / the / of / causing /
population / one / of / is / grew / cause / the / country / the /
caused / in).

(10) 私のパソコンは壊れているので、私は（それを）修理してもらいたいです。

(so / repaired / computer / , / breaking / is / my / I / to / it / broken
/ want / get / repairing).

[解答] (6) She reads books written in English, and that is how she studies English. (7) I am not done with my homework, so I need to finish it as soon as I can. (8) We would like to hire someone creative because we have to come up with new designs. (9) The growing population in the country is one of the causes of the problem. (10) My computer is broken, so I want to get it repaired. 【問題解説】(7)〜が終わっている = be done with 〜 (8)〜を考え出す = come up with 〜 (10)「壊れている = be broken」「○○を 〜 してもらう = get ○○ 〜ed」

英作文

(11) 彼らは中古の家具(使われた家具)を売りません。

(12) 私は彼女の誕生日のために特別な何かをしたいです。

(13) あのワクワクするニュースは彼女を幸せにしました。

(14) 窓のそばに座っている生徒をあなたは見たことがありますか。

【ヒント:「生徒」の説明には後置修飾を使う】

(15) このフォルダーの中に何か興味深いものはありますか。

[解答] (11) They do not (don't) sell used furniture. (12) I want to (would like to) do something special for her birthday. (13) That exciting news made her happy. (14) Have you seen the student sitting by the window? (15) Is there anything interesting in this folder? 【問題解説】(13)○○を〜(の状態)にする = make ○○ 形容詞 (14) the student sitting の代わりに、関係代名詞を使って the student who is sitting や the student that is sitting を使うことも可。

助動詞 ＋ have ＋ 過去分詞

should / could などの助動詞の後に現在完了形の「have ＋ 過去分詞」の形を用いることで、過去のことに関する推量や過去の行為に対する非難や後悔を表すことができます。

穴埋め問題

(1) 彼は、彼の息子のために新しいのではなく中古のパソコンを買うべきでした。

He (　　) (　　) (　　) (　　) used (　　) (　　) his (　　) (　　) (　　) a new one.

(2) あなたの助けなしには私たちはそれをすることができなかったでしょう。

We (　　) (　　) (　　) (　　) it (　　) (　　) help.

(3) 私たちの新しい顧客であるジムは、もしかすると彼の予約（アポイントメント）を忘れていたのかもしれません。

Jim, (　　) (　　) our (　　) customer, (　　) (　　) (　　) about (　　) (　　).

(4) 彼は彼の全てのお金をあの車に費やすべきではありませんでした。

He (　　) (　　) (　　) all his (　　) (　　) that (　　).

(5) 彼らは、彼らの宿題を終えていないので、今日彼らは忙しいでしょう。

(　　) (　　) (　　) finished (　　) (　　), so they (　　) (　　) (　　) today.

［解答］（1）should / have / bought / a / computer / for / son / instead / of （2）could / not / have / done / without / your （3）who / is / new / may（might） / have / forgotten / his / appointment （4）shouldn't / have / spent / money / on / car （5）They / have / not / their / homework / will / be / busy【問題解説】（3） might は、may より丁寧で確信度が低い。（5）カンマの前は普通の現在完了形の文。カンマの後は、will の文なので注意。

並び替え問題：不要な単語もあるので注意

(6)　彼は、状況をもっと明確に説明することができたはずです。

（ clean / has / could / about / he / have / the / clearly / may /
explained / more / situation / should / in / clear ）.

(7)　彼女はもしかすると私たちのチケットを買ったかもしれないので、彼女
に電話しましょう。

（ call / buyed / may / her / should / she / let's / have / bought / so
/ tickets / , / our / could ）.

(8)　私は昨日サッカーをすることができませんでした。なぜなら雨が降って
いたからです。

（ raining / not / play / in / may / I / was / could / it / have / because
/ soccer / for / yesterday / should / on ）.

(9)　あなたは、新しいのを見つける前にあなたの仕事を辞めるべきではあり
ませんでした。

（ may / a / plan / shouldn't / job / not / one / your / couldn't /
quited / you / have / finding / new / quit / before / might've / no ）.

(10) 彼らなら問題を解決できたかもしれません。

（ could / of / they / have / should / solved / the / may / problem /
on / for ）.

> 【解答】(6) He could have explained the situation more clearly. (7) She may
> have bought our tickets, so let's call her. (8) I could not play soccer yesterday
> because it was raining. (9) You shouldn't have quit your job before finding a
> new one. (10) They could have solved the problem. 【問題解説】(8) could have
> 過去分詞の形にはならないので注意。

英作文

(11) 私はあなたと一緒に英語を勉強するべきでした。

(12) 彼はなぜ遅れているのですか。— 彼は、彼の電車を逃したのかもしれません。

(13) 彼女はもっと頻繁にギターを練習するべきです。

(14) 私たちは彼らのサポートなしでは試合に勝つことができなかったでしょう。

(15) あなたは、あなたのカバンを教室に置いてくるべきではありませんでした。

【解答】(11) I should have (should've) studied English with you. (12) Why is he late? – He may have (might have / might've) missed his train. (13) She should practice the guitar more often. (14) We could not (couldn't) have won the game (match) without their support. (15) You should not (shouldn't) have left your bag in the classroom. 【問題解説】(13) ただの should の文なので注意。(15) どの教室（あなたがカバンを置いてきた教室）と限定されているため、the classroom となる。

CHECK! 45 仮定法 if（仮定法過去・仮定法過去完了）

Let's try! 15 問

仮定法過去・仮定法過去完了とは事実とは異なることを表すのに使う表現で、if が主に使われます。過去形を使うと現在のこと（もし ~ なら、~ だろう）、過去完了形を使うと過去のこと（もし~なら、~だっただろう）を表すことができます。

穴埋め問題

(1) もし私があなたなら、私はナオミに電話をしてあれらの質問を尋ねるでしょう。

( ) ( ) ( ) ( ), I ( ) ( ) Naomi and ( ) ( ) ( ).

(2) 彼女は私の上司だったかもしれません、もし彼女が真剣に働き続けていたのなら。

She ( ) ( ) ( ) my boss ( ) ( ) ( ) ( ) seriously.

(3) 彼は一人でスーパーに行くことができるでしょう、もし彼に車があったなら。

He ( ) ( ) ( ) the ( ) by ( ) ( ) he ( ) ( ) car.

(4) もし明日雨が降るなら、私たちは体育館に行きバスケットボールをするでしょう。

( ) ( ) ( ) ( ), we ( ) ( ) ( ) the gym ( ) ( ) ( ).

(5) 彼女は入試に合格していたでしょう、もし彼女がもっと熱心に勉強していたのなら。

She ( ) ( ) ( ) ( ) ( ) ( ) if ( ) ( ) ( ) harder.

並び替え問題：不要な単語もあるので注意

(6) 彼は新しい家を買うことができたでしょう、もし彼がもっと若い時から（彼の）お金を貯め始めていたのなら。

(he / house / money / if / his / had / time / saving / could / started / bought / new / have / he / a / younger / were / when / was / he).

(7) もし先週雪が降っていたのなら、私たちはスキーに行くことができました。

(it / if / went / would / snowed / skiing / week / gone / could / had / last / we / , / to / have / can / going / go).

(8) あなたはあとで空腹にならないでしょう、もし今あなたがこれらのハンバーガー食べるのであれば。

(now / could've / will / hamburgers / could / you / hungry / these / not / get / eat / if / you / should've / had / later).

(9) 彼らはあの問題に直面することはなかったかもしれません、もし彼らがアドバイスを聞いていたのなら。

(issue / might / could / if / that / the / listening / they / to / they / listened / faced / not / have / had / advice / should / heard / advise).

（10）もし私にもっと時間とお金があったのなら、私は自分自身のビジネスを始めるでしょう。

(own / had / if / business / may / my / start / I / would / time / I / , / money / more / and / should).

［解答］(6) He could have bought a new house if he had started saving his money when he was younger. (7) If it had snowed last week, we could have gone skiing.（We could have gone skiing if it had snowed last week.）(8) You will not get hungry later if you eat these hamburgers now. (9) They might not have faced that issue if they had listened to the advice. (10) If I had more time and money, I would start my own business.（I would start my own business if I had more time and money.）【問題解説】(7) スキーに行く＝go skiing (8) 仮定法現在（未来のこと）なので注意。(9) 直面する＝face

---

英作文

（11）もし彼がもっと慎重だったなら、彼は窓を割らなかったでしょう。

（12）彼女は、彼女の電車を逃さなかったでしょう、もし彼女が時間通りに到着していたのなら。

（13）もしあなたがもっと水を飲みたいのなら、あなたは私のを飲むことができます。

（14）もし彼がケンと同じぐらい背が高いのなら、彼はより大きなベッドが必要でしょう。

（15）もし私が真実を知っていたのなら、次に何をするか私はあなたに伝えるでしょう。

［解答］（11）If he had been more careful, he would not（wouldn't）have broken the window.（He would not（wouldn't）have broken the window if he had been more careful.）（12）She would not（wouldn't）have missed her train if she had arrived on time.（If she had arrived on time, she would not（wouldn't）have missed her tarin.）（13）If you want to drink more water, you can drink mine.（You can drink mine if you want to drink more water.）（14）If he were as tall as Ken, he would need a bigger（larger）bed.（He would need a bigger（larger）bed if he were as tall as Ken.）（15）If I knew the truth, I would tell you what to do next.（I would tell you what to do next if I knew the truth.）【問題解説】（14）仮定法過去の場合、be 動詞は基本的に were が使われる。ただし、今回は主語が he なので was も間違いではない。

仮定法の wish & as if / though

　実は「wish + 過去形」「wish + 過去完了形」でも、仮定を表すことができます。また、as if / though + 過去形や as if / though + 過去分詞形で「(実際は異なるが、まるで)〜であるか(あったか)のように」という意味を表すことができます。

穴埋め問題

(1) ナオミはバレーボールがとても得意です。私が彼女だったら良いのになあ。
Naomi (　　　) very (　　　) (　　　) (　　　). I (　　　) I (　　　) (　　　).

(2) 私は彼が好きではないです。なぜなら、彼は何でも知っているかのように振る舞うからです。
I (　　　) (　　　) (　　　) because (　　　) acts (　　　) (　　　) he
(　　　) everything.

(3) 彼女は、彼女が若かった時にもっと熱心に働いておけば良かったと思っています。
(　　　) wishes (　　　) (　　　) (　　　) harder (　　　) she (　　　)
young.

(4) もしあなたがもっと早くに起きていたら、あなたはあなたのバスを逃さなかったでしょう。
(　　　) (　　　) (　　　) gotten (　　　) (　　　), you (　　　) (　　　)
(　　　) your bus.

(5) 彼はまるで何日も食べていなかったかのように食べています。
He is (　　　) (　　　) (　　　) he (　　　) (　　　) (　　　) many (　　　).

【解答】(1) is / good / at / volleyball / wish / were / her (2) don't / like / him /
he / as / if (though) / knew (3) She / she / had / worked /when / was (4) If /
you / had / up / earlier / wouldn't / have / missed (5) eating / as / if (though)
/ hadn't / eaten / for / days 【問題解説】(1) 〜が得意 = be good at 〜

並び替え問題：不要な単語もあるので注意

(6) 彼女は、私の母親であるかのように話します。

(for / she / if / she / in / wish / talks / as / my / wishes / were / mother).

(7) 私は、ユウトなら良かったのになあ。なぜなら、彼はとても才能があるから。

(wish / I / he / I / is / because / were / if / talented / would / as / Yuto / very / be).

(8) もしあなたが朝食を取っていたのなら、あなたは空腹にはならなかったでしょう。

(had / you / would / not / breakfast / be / if / you / been / had / your / , / have / hungry / could).

(9) 彼は、あの事故をまるで彼が（それを）見たかのように説明しました。

(in / had / explained / seen / he / it / wish / accident / he / wishes / though / that / as / for).

(10) 彼女は、彼女があれらのチャンスを逃さなければよかったと思っています。

(let / as / opportunities / she / her / hadn't / through / wishes / she / those / slip / fingers / if).

[解答] (6) She talks as if she were my mother. (7) I wish I were Yuto because he is very talented. (8) If you had had breakfast, you would not have been hungry. (9) He explained the accident as though he had seen it. (10) She wishes she hadn't let those opportunities slip through her fingers. 【問題解説】 (10) チャンスを逃す（チャンスが指をすり抜ける）= let opportunities slip through one's fingers

---

英作文

(11) 私はヒロトと同じぐらい速く泳げたらなあ。

(12) 彼女は、まるでプロのダンサーのように踊ります。

(13) 彼は、彼の両親ともっと時間を過ごしたら良かったなあと思っています。

(14) もし私が答えを知っていたら、私はあなたに伝えているでしょう。

(15) 彼女は、面白いジョークを聞いたかのように笑いました。

[解答] (11) I wish I could swim as fast as Hiroto. (12) She dances as if (though) she were a professional dancer. (13) He wishes he had spent more time with his parents. (14) If I knew the answer, I would tell you. (I would tell you if I knew the answer.) (15) She laughed as if (though) she had heard a funny joke. 【問題解説】(15) wish / as if (though) の後に続く節 (she had heard 〜) は、wish / as if (though) が現在・過去かは関係なく、その時点と同じであれば過去形、その時点よりも前であれば過去完了形が使われる(笑う前にジョークを聞いたので had heard と過去完了形が使われている)。

CHECK! 47 話法

Let's try! 15 問

話法には直接話法と間接話法があります。直接話法とは「○○が『〜』と言いました」のように言った言葉をそのまま引用するやり方で、間接話法は誰かの発言を自分の立場から説明する時に使われる言い方です。

穴埋め問題

(1) 彼女は「私はピアノを上手に弾けます」と言いました。

( ) ( ), "( ) ( ) ( ) the ( ) ( )."

(2) 「あなたはすでにあなたの宿題を終わらせているのですか」と彼は尋ねました。

"( ) ( ) ( ) finished ( ) ( )?" ( ) ( ).

(3) 私は彼に一切食べ物を無駄にしないでと伝えました。

I ( ) ( ) ( ) ( ) ( ) any food.

(4) 彼女は彼女の教室がどこなのか私に尋ねました。

She ( ) ( ) ( ) ( ) ( ) ( ).

(5) 「僕はバスで駅に行くつもりです」と彼は私に伝えました。

"I'm ( ) to ( ) ( ) ( ) ( )," ( ) ( ) ( ).

(6) 彼は、私が彼の名前を忘れたことが信じられないと言いました。

He ( ) ( ) ( ) believe I ( ) ( ) ( ) ( ).

【解答】(1) She / said / I / can / play / piano / well (2) Have / you / already / your / homework / he / asked (3) told / him / not / to / waste (4) asked / me / where / her / classroom / was (5) going / the / station / by / bus / he / told / me (6) said / he / couldn't / had / forgotten（forgot）/ his / name

【問題解説】(3) 命令文を間接話法の形にした文。(4) 間接話法。She asked と過去形になっているので最後の be 動詞も was となる（時制の一致）。(5) 進行形でも未来を表すことができる。その際は、近い未来 / 確実に起こるだろう未来を表す。(6) 間接話法。He said と過去形なので couldn't と had forgotten（forgot）が使われる（時制の一致）。

並び替え問題：不要な単語もあるので注意

(7) 「あなたは映画が始まる前にここに来たのですか」と彼女は尋ねました。
(had / did / " / you / . / started / is / ? / before / she / the / , / movie / here / asked / " / come / it)

(8) 彼は新しいプロジェクトについてワクワクしていると言いました。
(was / said / in / excited / . / he / " / " / is / about / project / he / new / exciting / the / of / were)

(9) 「私たちは、その機会をずっと待っています」と彼らは説明しました。
(have / explain / we / were / of / waiting / been / that / for / , / " / opportunity / " / they / explained / . / in)

(10)「問題を誤解していてごめんなさい」と彼女は謝りました。
(misunderstood / apologized / , / " / sorry / . / I'm / . / she / misunderstanding / for / , / problem / the / apologize / ")

(11) エリコは、1週間前に山口にいたと言いました。
(of / had / . / been / " / Eriko / before / , / in / Yamaguchi / " / week / she / said / the / at)

(12) 彼らは「私たちの行方不明の犬を見ましたか」と尋ねました。

(at / " / asked / , / they / " / see / they / dog / missed / did / . / missing / you / our / in / ? / ours)

英作文：次の直接話法を間接話法にしましょう

(13) Kengo said, "Please do not use my computer."

(14) They asked, "Has she received our invitation?"

(15) He said, "I will go to your apartment tomorrow."

(16) Shiho said, "Let's play basketball next week."

(17) She said, "When do you usually visit your parents?"

(18) He said, "Put these boxes in this room."

(19) She said, "Please take off your shoes."

(20) They said, "Let's not go to this restaurant by car."

【解答】(13) Kengo asked me not to use his computer. (14) They asked if (whether) she had received their invitation. (15) He said he would come to my apartment the following day. (16) Shiho suggested we (they) play basketball the following week. (17) She asked when I usually visited my parents. (18) He told me to put those boxes in that room. (19) She asked me to take off my shoes. (20) They suggested we (they) not go to that restaurant by car.【問題解説】(13) Please で始まる命令文なので ask が使われる。my → his となる。(14) Yes/No で答えられる疑問文なので、間接疑問文の形。過去完了形にし、our → their となる。(15) I → he、will → would、go → come、your → my となる。基本的に tomorrow → the following day となるが場合によっては tomorrow も可。(16) Let's で始まる命令文なので suggest we (they) ～ の形。基本的に next week → the following week となるが場合によっては next week も可。(17) when の間接疑問文の形。you → I、your → my となる。(18) 命令文なので、told me ～ の形。基本的に these → those、this → that となるが場合によっては these, this も可。(19) Please で始まる命令文なので ask が使われる。your → my となる。(20) Let's not で始まる命令文なので suggest we (they) not ～ の形。基本的に this → that だが場合によっては、this も使われる。

分詞構文とは「『動詞 ing』や『動詞 ed』が接続詞と動詞の両方の役割を果たす構文」で「時」「理由」「結果」などを表す際に使われます。よく文の先頭に置かれ "Seeing the teacher""Disappointed by the result" といった形となります。

穴埋め問題

(1) 興味深い小説を読んでいたので、彼女は彼女の予約（アポイントメント）のことを忘れていました。
(　　) (　　) interesting (　　), she (　　) (　　) (　　)
(　　).

(2) ニュースに驚き、彼は彼の感情を隠すことができませんでした。
(　　) by (　　) news, he (　　) (　　) (　　) (　　) emotions.

(3) 毎日バイオリンを練習したため、彼女は大会で優勝しました。
(　　) (　　) (　　) (　　) (　　), she (　　) (　　)
competition.

(4) 晴れた天気に興奮した彼らは、ピクニックを計画しました。
(　　) (　　) (　　) sunny (　　), they (　　) (　　) picnic.

(5) 浜で凧揚げをすることで、彼らは風の強い日を楽しみました。
(　　) (　　) kite at the (　　), they (　　) the (　　) (　　).

[解答] (1) Reading / an / novel / forgot / about / her / appointment
(2) Surprised / the / could / not / hide / his (3) Practicing / the / violin / every
/ day / won / the (4) Excited / by / the / weather / planned / a (5) Flying / a /
beach / enjoyed / windy / day 【問題解説】(3)（大会などで）優勝する＝win

並び替え問題：分詞構文を使って答えましょう

(6) パフォーマンスに驚き、聴衆はスタンディングオベーションを送りました。
(stood / in / a / by / standing / the / ovation / amazing / audience / performance / the / for / amazed / , / gave).

(7) 外国人生徒に英語を教えることで、彼女は英語がいかに複雑かを習いました（習い終えています）。
(complicated / complication / English / is / to / how / teaching / has / students / , / foreign / she / learned / English / taught).

(8) （その）続く遅延にいらだち、彼らは新しいデザイナーを雇うことに決めました。
(hire / by / the / designer / continuous / decided / frustrating / they / to / delays / new / , / frustrated / a).

(9) 雨の中で踊ることで、彼は自然とつながっているのを感じました。
(danced / was / connected / in / felt / to / dancing / he / the / rain / , / nature / feeling).

(10) 自然環境について懸念し、彼らはリサイクルプログラムを始めました。
(they / about / in / concern / the / , / recycling / recycled / a / concerned / started / environment / though / program).

[解答] (6) Amazed by the performance, the audience gave a standing ovation.
(7) Teaching English to foreign students, she has learned how complicated English is. (8) Frustrated by the continuous delays, they decided to hire a new designer. (9) Dancing in the rain, he felt connected to nature.
(10) Concerned about the environment, they started a recycling program.
【問題解説】 (6) スタンディングオベーションを送る = give a standing ovation (9) feel ~ed = ~されているように感じる (10) concern = 懸念させる / 心配させる　自然環境 = the environment(environment だけだと「周囲 / 周囲の状況」という意味だか the がつくと自然環境という意味になる)「リサイクルプログラム = recycling program」

英作文：分詞構文を使って表しましょう

(11) 放課後にサッカーをすることで彼らはチームワークの大切さを理解しました。

(12) 結果にがっかりして、彼らは彼らの実績（performance）を分析しました。

(13) 美しいウェブサイトをデザインすることで彼はお金持ちになりました。

(14) 我々の進んだ技術に感銘を受け、多くの人たちは我々のスマホを使い始めました。

(15) 1人の学生なので、私は（私が）できる限り熱心に勉強する必要があります。

【解答】(11) Playing soccer after school, they understood the importance (significance) of teamwork. (12) Disappointed by the result(s), they analyzed their performance. (13) Designing beautiful websites, he became rich. (14) Impressed by our advanced technology, many (a lot of) people started (began) using (to use) our smartphones. (15) Being a student, I need to study as hard as I can. 【問題解説】(12) result(s) は「彼らががっかりした結果」なので（限定されているので）、the result(s) となる。(13) お金持ちになるには1つではなく複数のウェブサイトを作成したことが考えられるため、websites と複数形になる。(14) スマホ（スマートフォン）= smartphone

倒置とは文の最初に never や rarely といった副詞や「behind / beneath ＋ 目的語」を置くことで、通常の「主語 ＋ (助) 動詞＋ 〜」といった文の順番が変わることを言います。

穴埋め問題

(1) 彼女は絶対に彼女のメガネなしでは運転をしません。

   (　　　) (　　　) she (　　　) without (　　　) (　　　).

(2) 私の後ろには(彼らの)バスを待っている学生のグループが立っています。

   (　　　) me (　　　) a (　　　) (　　　) students (　　　) (　　　) their bus.

(3) 彼はめったにピアノを練習しませんでした。

   (　　　) (　　　) he (　　　) (　　　) (　　　).

(4) かばんの中には(私の)父へのサプライズプレゼントが入っています。

   In the (　　　) (　　　) a (　　　) (　　　) for (　　　) father.

(5) 彼女は学生の時、車を持っていませんでした。 ― 私もです

   (　　　) (　　　) have (　　　) (　　　) when (　　　) (　　　) (　　　)
   (　　　). ‒ (　　　) (　　　) I.

[解答] (1) Never / does / drive / her / glasses (2) Behind / is / group / of / waiting / for (3) Rarely / did / practice / the / piano (4) bag / is / surprise / present / my (5) She / didn't / a / car / she / was / a / student ‒ Neither (Nor) / did 【問題解説】 (1) & (3) never / rarely など否定を表す単語・フレーズが文頭に来るときは、その後が疑問文の形になる。 (5) Nor の方がより丁寧。

並び替え問題：倒置を使いましょう

(6) ちょうど角を曲がったところに私たちの市で最も古い学校があります。
(city / around / our / cities / do / corner / the / in / right / school / is / the / oldest / have).

(7) 彼は彼の私生活についてほとんど話しませんでした。
(personal / he / in / life / his / hardly / about / did / speak / not / him / speaking / was).

(8) その下にはミネラルを多く含んだ凍った層がありました。
(frozen / minerals / stay / beneath / lot / was / freezing / a / of / it / a / layer / with / freeze).

(9) こんな美しい公園を私は見たことがありません。
(like / seen / watched / never / I / this / little / park / have / beautiful / a / to / beauty).

(10) ここにいた。私たちはあなたを探していました。
(never / are / there / little / be / you / in / stay). (looked / was / I / we / you / were / for / looking / been).

【解答】(6) Right around the corner is the oldest school in our city. (7) Hardly did he speak about his personal life. (8) Beneath it was a frozen layer with a lot of minerals. (9) Never have I seen a beautiful park like this. (10) There you are. We were looking for you. 【問題解説】(9) 基本的に watch は、テレビなど動いているものを目で追う時に使われる「見る」。

英作文：倒置を使いましょう

(11) フランスの文化について、私は少ししか知りません。

(12) 私は野球が好きです。— 私もです。【ヒント：so を使う】

(13) 電車が来ました。【ヒント：here を使う】黄色い線の後ろに立ってください。

(14) 彼はめったにファストフードを食べません。

(15) テーブルの上には、グラス 1 杯の水がありました。

[解答] (11) Little do I know about French culture. (12) I like baseball. – So do I. (13) Here comes the train. Please stand behind the yellow line.（Stand behind the yellow line, please.）(14) Rarely does he eat fast food. (15) On the table was a glass of water. 【問題解説】(11) little は、否定の意味が含まれているので疑問文の形(Little do I ~)になっている。

さらなる to の使い方

　ここでは seem / happen / prove の後に to がつくフレーズや、to の後に ~ing がつく間違いやすい形を紹介していきます。

穴埋め問題

(1)　彼女は大きな音を聞いた時、部屋に入るところでした。
She (　　　) (　　　) to enter (　　　) (　　　) when (　　　) (　　　) a big noise.

(2)　私たちは、たまたま同じ時間に同じ場所にいました。
We (　　) (　　) (　　) in (　　) (　　) place (　　) (　　) (　　) (　　).

(3)　彼は13歳で、家に独りでいること(とどまること)に慣れています。
He (　　) 13 (　　) (　　) and is (　　) (　　) (　　) home alone.

(4)　映画は私が期待していたよりもずっと良かったです。
The (　　) turned (　　) (　　) (　　) much (　　) (　　) what I expected.

(5)　あなたはどうやって駅に15分で着いたのですか。
(　　) (　　) you get (　　) (　　) (　　) (　　) 15 (　　)?

(6)　来週、大阪であなたに会えることを楽しみにしています。
I (　　) (　　) to (　　) (　　) (　　) Osaka (　　) (　　).

(7)　たくさんのチャレンジを経験することで、私は忍耐力の重要性を理解するようになりました。
By (　　) many (　　), I have (　　) (　　) (　　) the (　　) (　　) patience.

(8) 彼女はかつて英語を教えていましたが、現在彼女はスペイン語を教えています。

She ( ) ( ) ( ) English, but now ( ) ( ) ( ).

(9) 私はコンサートのチケットを買うところでしたが、売り切れでした。

I ( ) ( ) ( ) ( ) tickets for ( ) ( ), but they ( ) ( ) ( ).

(10) 彼女は、彼女のほとんどの時間を（彼女の）家族の世話に捧げました。

She devoted ( ) ( ) her ( ) ( ) ( ) ( ) of her family.

[解答] (1) was / about / the / room / she / heard (2) happened / to / be / the / same / at / the / same / time (3) is / years / old / used / to / staying (4) movie / out / to / be / better / than (5) How / did / to / the / station / in / minutes (6) look / forward / seeing（meeting）/ you / in / next / week (7) experiencing / challenges / come / to / understand / importance（significance）/ of (8) used / to / teach / she / teaches / Spanish (9) was / about / to / buy / the / concert / were / sold / out (10) most / of / time / to / taking / care【問題解説】(1) （まさに）～するところ＝be about to ～ (2) 偶然～する＝happen to ～ (3) ～することに慣れている＝be used to ～ing (4)「～だとわかる／判明する＝turn out to ～」 expect は、良いことが起きるという意味の「期待する」という意味より「予期する」という意味の方が近い。(5)「～に到着する＝get to ～」「15分で＝in 15 minutes」(6) ～することを楽しみにする＝look forward to ～ing (7) ～するようになる＝come to ～ (8) かつて～していた＝used to ～ (9)（まさに）～するところ＝be about to ～ (10) ○○を～に捧げる＝devote ○○ to ～ing

---

並び替え問題：不要な単語もあるので注意

(11) 彼はお金持ちであるように見えます。

(about / be / appeared / he / of / being / appears / to / rich / in / is).

(12) この技術は産業で革命的なものであることが証明されました。

(the / technology / in / being / proving / revolutionary / this / be / proved / to / industry).

(13) スポーツをすることに関して言えば、彼はサッカーとバスケがとても上手です。

(it / at / play / when / basketball / good / soccer / and / goes / comes / very / playing / to / is / sports / , / he).

(14) 彼女は若い頃は美人だったようです。

(in / seems / she / was / she / sees / to / have / , / when / young / been / beautiful / for).

(15) 彼らは毎日公共交通機関を利用するのに慣れています。

(using / at / public / they / for / in / transportation / day / accustomed / to / are / every / use).

【解答】(11) He appears to be rich. (12) This technology proved to be revolutionary in the industry. (13) When it comes to playing sports, he is very good at soccer and basketball. (He is very good at soccer and basketball when it comes to playing sports.) (14) When she was young, she seems to have been beautiful. (She seems to have been beautiful when she was young.) (15) They are accustomed to using public transportation every day.

【問題解説】(11) ～であるように見える ＝ appears to ～ (12) ～であることがわかる / 判明する ＝ prove to be ～ (13) ～することに関して言えば ＝ when it comes to ～ing (14) ～だったようだ ＝ seem to have 過去分詞 (15) ～をするのに慣れる ＝ be accustomed to ～ing / be used to ～ing

穴埋め問題

(1) 私たちは、私が産まれた神奈川に行きました。

We (   ) (   ) (   ), (   ) I (   ) (   ).

(2) 図書館でボランティアすることで、彼女は他の人たちを助ける重要性を理解しました。

(   ) at the (   ), she (   ) the importance (   ) (   ) (   ) people.

(3) あの壊れた窓が見えますか。誰が(それを)したか、あなたは知っていますか。

Do (   ) (   ) (   ) (   ) (   )? (   ) (   ) (   ) (   ) (   ) it?

(4) 病院の中には、事故の生存者が待っていました。

In (   ) (   ) (   ) the survivors (   ) (   ) accident.

(5) もし私にたくさんの友人がいたのなら、私は孤独ではないだろう。

If (   ) (   ) (   ) (   ), I (   ) not (   ) (   ).

(6) 彼の家族にサポートされることで、彼は最初の会社を 18 歳で始めました。

(   ) (   ) his (   ), he started (   ) (   ) company (   ) he (   ) 18.

(7) 彼はその電車に乗ること(捕まえること)ができたでしょう、もし彼が彼のオフィスをもっと早くに去っていたら。

He (   ) (   ) (   ) the (   ) (   ) he (   ) (   ) (   ) (   ) earlier.

(8) 彼女は「私はスパイシーな食べ物が好きではないです」と言いました。

She (　　　), "(　　　) (　　　) (　　　) (　　　) food."

(9) 彼は、彼の先生たちに質問をすることはほとんどありませんでした。

Rarely (　　　) (　　　) (　　　) (　　　) (　　　) questions.

(10) 毎日公園をジョギングすることで、彼女は徐々に（彼女の）スタミナを上げていきました。

(　　　) in the (　　　) (　　　) (　　　), (　　　) gradually increased
(　　　) stamina.

［解答］（1）went / to / Kanagawa / where / was / born （2）Volunteering / library / understood / of / helping / other （3）you / see / that / broken / window / Do / you / know / who / did （4）the / hospital /waited / of / the （5）I / had / many / friends / would / be / lonely （6）Supported / by / family / his / first / when / was （7）could / have / caught / train / if / had / left / his / office （8）said / I / don't / like / spicy （9）did / he / ask / his / teachers （10）Jogging / park / every / day / she / her 【問題解説】（1）where の継続用法が使われる。（2）分詞構文の形。（3）壊れた窓 ＝ broken window （4）倒置の表現。（5）If を用いた仮定法過去の形。（6）分詞構文の形。（7）If を用いた仮定法過去完了の形。（8）直接話法の形。（9）倒置の表現。（10）分詞構文の形。

並び替え問題：不要な単語もあるので注意

(11) 彼の電話番号を知っていたらなあ。

(wishing / phone / I / knew / address / I / know / wish / his / number / known).

(12) あの著者によって書かれた最新の本を私は読んだか彼女は尋ねました。

(late / written / for / book / by / that / asked / latest / she / the / if / had / I / read / author).

(13) あのお店で売られている何台かのパソコンはとても古いです。

(sold / much / some / selling / those / that / very / is / computers / store / at / are / old).

(14) 彼らは、まるで長い間会っていなかったかのように抱き合いました。

(it / they / having / if / met / a / hugged / long / for / since / not / as / had / they / time / meeting).

(15) ほら、私たちがずっと待っていたバスが来ましたよ。

(have / comes / been / it / here / has / waiting / we / for / the / bus / since).

(16) もし彼がもっと一生懸命勉強していたのなら、もしかすると彼は試験に合格したかもしれません。

(he / passing / exam / in / since / if / the / harder / , / had / passed / he / have / studied / been / might / for).

(17) 彼は見知らぬ人には、私たちの住所や電話番号を伝えないように(私たちに)言いました。

(tell / he / our / to / number / to / told / for / phone / strangers / not / or / us / address / in).

(18) 私は時間の大切さを今になるまで全く気づきませんでした。

（ am / importance / never / I / of / realizing / the / time / now / did / realize / until / important / do ）.

(19) 彼女は「あなたはたいていどこに車を停めますか」と尋ねました。

（ stay / asked / your / ? / park / she / , / in / usually / car / where / ” / you / " / do / parking ）

(20) 私はかつてブラジルに住んでいました。なぜなら私は（彼らの）文化と歴史について習いたかったからです。

（ and / used / history / about / living / culture / I / to / be / am / to / learning / wanted / in / learn / or / I / Brazil / because / learn / their / live ）.

[解答] (11) I wish I knew his phone number. (12) She asked if I had read the latest book written by that author. (13) Some computers sold at that store are very old. (14) They hugged as if they had not met for a long time. (15) Here comes the bus we have been waiting for. (16) If he had studied harder, he might have passed the exam. (He might have passed the exam if he had studied harder.) (17) He told us not to tell our address or phone number to strangers. (18) Never did I realize the importance of time until now. (19) She asked, "Where do you usually park your car?" ("Where do you usually park your car?" she asked.) (20) I used to live in Brazil because I wanted to learn about their culture and history. 【問題解説】(11) wish を使う仮定法、(12) 従属節が大過去になるので注意。(14) まるで〜かのように = as if 〜 (15) Here が文頭に来る倒置の形。(16) 仮定法過去完了形の文。(17) 間接話法の文。(18) 倒置の文。(19) 直接話法の文。(20) かつて〜していた = used to 動詞の原形（be used to 〜ing = 〜するのに慣れている）

英作文

(21) あなたは何でもあなたが欲しいのを注文することができます。

(22) 私はこの問題の解き方を知る必要があります。【ヒント：how to を使う】

(23) もし私があなたなら、私はより多くのお金を教育に費やす（支払う）でしょう。

(24) 私たちは彼女の卒業を祝うために何か特別なことをしたいです。

(25) 彼女はいつでも勉強する時は、彼女のお気に入りの音楽を聴きます。
【ヒント：whenever を使う】

(26) 彼は、（彼らが）彼らの最初のミーティングをどこで行ったのかを尋ねました。

(27) あなたは彼のアドバイスを無視するべきではありませんでした。

(28) 私の母は、週末に働くことに慣れています。

(29) もしあなたがあのパソコンを先週買っていたら、あなたは昨日（それを）使うことができたでしょう。

(30) 「この本を使って英語を勉強してくれてありがとう」と彼は言いました。

［解答］(21) You can order whatever you want. (22) I need to know how to solve this problem. (23) If I were you, I would spend more money on education. (I would spend more money on education if I were you.) (24) We want to (would like to) do something special to celebrate her graduation. (25) Wherever she studies, she listens to her favorite music. (She listens to her favorite music whenever she studies.) (26) He asked where they had had (held) their first meeting. (27) You should not (shouldn't) have ignored his advice. (28) My mother is used to working on weekends. (29) If you had bought that computer last week, you could have (could've) used it yesterday. (You could have (could've) used that computer yesterday if you had bought it last week.) (30) He said, "Thank you for using this book to study Engrish." ("Thank you for using this book to study Engrish," he said.)

【問題解説】(21) 何でも＝whatever (22) ～する方法＝how to ～ (23) 仮定法過去の文。(24) 特別な何か＝something special (25) どこに～でも＝wherever ～ (26) 間接話法の文。従属節は大過去なので had had となる。(27) ～するべきではなかった＝should not have ～ (28) ～するのに慣れている＝be used to ~ing (29) 仮定法過去完了の文。(30) 直接話法の文。

著者紹介

藤井 拓哉（ふじい・たくや）

オハイオ州立大学、同大学院で教育学を学び、日本語の教員免許と TESOL（英語を母国語としない方のための英語教授法）を取得。帰国後は、宇都宮大学で英語講師を務める。定期的に数学、化学、物理を英語で学ぶ「理数系英語」の講義も行い、2010 年と 2013年にベストレクチャー賞を受賞。茨城大学、筑波技術大学、筑波大学、上智大学で英語講師を務める。著書多数。『MP3CD 付き ガチトレ英語スピーキング』『60 回完成ガチトレ中学・高校 6 年分の英文法完全制覇』『たくや式中学英語ノートシリーズ』など。現在、Yokowo Manufacturing of America の営業として活躍中。TOEIC955 点、TOEFL101 点。

◉── カバーデザイン　　田栗 克己
◉── DTP　　　　　　スタジオ・ポストエイジ
◉── 英文校閲　　　　Jack Stowers
◉── 本文イラスト　　GooseFrol（iStock / Shutterstock）

ガチトレ1000問
もん
解いて学ぶ中学・高校6年分の英文法大特訓
と　　まな　　ちゅうがく　　こう こう　　ねん ぶん　　えい ぶん ぼう だい とっ くん

2024 年 6 月 25 日　　　初版発行

著者	**藤井 拓哉** ふじ い たく や
発行者	内田 真介
発行・発売	ベレ出版 〒162-0832　東京都新宿区岩戸町12 レベッカビル TEL.03-5225-4790 FAX.03-5225-4795 ホームページ　https://www.beret.co.jp/
印刷	三松堂株式会社
製本	根本製本株式会社

ISBN 978-4-86064-768-1 C2082　　　　　　　　　　　編集担当　綿引ゆか

60回完成ガチトレ！
中学・高校6年分の英文法完全制覇

藤井拓哉 著

A5 並製／定価 2090 円（税込）■ 344 頁

ISBN978-4-86064-712-4 C2082

かんたんにやさしく中学、高校をざっとおさらいできる本とは違い、本書は中学、高校で学ぶ英文法を総ざらいし、徹底的なトレーニングをして完成させます。60 に分けた文法項目ごとに1つ1つ表や図解をしながら重要なところを簡潔に解説し、すぐに確認問題を解いて理解を深めていきます。基本にもどってイチからしっかり英文法を学びたい、問題を解いて学習したい、英語試験のために基礎づくりをしたい、が叶います。

ガチトレ
英語スピーキング徹底トレーニング

藤井拓哉 著

A5 並製／定価 3630 円（税込）■ 768 頁

ISBN978-4-86064-350-8 C2082

英語の知識とテクニックと発音を身につけながら、大量のトレーニングを行なう、絶対に英語が話せるようになる本気の一冊。《いざというときにまったく英語が出てこない》という状態から抜け出すためには、すばやく日本語を英語へ変換する練習が大切。単語レベルから徐々に文章レベルにあげていくトレーニングを繰り返し行なうことで、必ず英語がスラスラと出てくるようになります。1100 分のトレーニング音源付き。

[音声 DL 付] Why not? ガチトレ
会話がはずむ英語スピーキングトレーニング

藤井拓哉 著

四六並製／定価 1980 円（税込）■ 200 頁

ISBN978-4-86064-631-8 C2082

日常会話に必須のネイティブ表現を紹介しながら、雑談力アップのテクニックが身につけられるトレーニングを行ないます。ちょっと無理なことを言われたら「Are you kidding?（冗談でしょ？）」、お礼のことばに「You bet.（いいってことよ）」、ヒートアップした相手に「Got it. Got it.（わかった。わかった）」、軽い謝罪で「My fault.（悪いね）」、とパッと返せる会話力をつけていきます。ネイティブ並みの会話ができるようになりたい！が叶う一冊です。